Creare Web App

Come a creare una **Web App**, compilarla per **iOS** e **Android** e distribuirla sugli **App Store**

Cosimo Palma

Creare Web App

ISBN-13: 978-1537038247

ISBN-10: 1537038249

Autore

"Le idee migliori non vengono dalla ragione, ma da una lucida, visionaria follia."

Erasmo da Rotterdam

Inizia a lavorare come sviluppatore freelance nel 1999 e ad approfondire i linguaggi di sviluppo usati sia nel mondo desktop e che in ambito web.

Nel 2007 si laurea in Ingegneria Elettronica presso il Politecnico di Torino. Dal 2007 inizia a lavorare come consulente presso aziende automotive, aerospace, ferroviario e IT.

Nel 2010 fonda insieme ad altri 3 soci Dofware, un'azienda orientata allo sviluppo progetti in ambito modellazione e simulazione di sistemi multifisici. Dal 1999 a oggi continua a seguire diversi progetti in ambito web. Nel 2015 fonda AppAcademy.it (http://www.appacademy.it): realtà dedita alla formazione in ambito sviluppo mobile.

Dove trovarmi:

mail: cosimopalma@appacademy.it

facebook: www.facebook.com/appacademy.it

linkedin: it.linkedin.com/in/cosimopalma

twitter: twitter.com/AppAcademyIT

SOMMARIO

0. Introduzione

"Le menti creative riescono a sopravvivere anche ai peggiori sistemi educativi."

Anna Freud

Quali sono le opzioni per sviluppare applicazioni per dispositivi mobile ?

Quando si decide di sviluppare un'applicazione per dispositivi mobile, la prima scelta da fare è quella di stabilire se svilupparla direttamente nel linguaggio nativo del dispositivo mobile o utilizzare un approccio che permetta di scrivere l'applicazione in un linguaggio non nativo (HTML5, JavaScript, C++, C#,..) e poi "cross-compilarla" e impachettarla per il dispositivo target.

Se scegliamo di sviluppare in linguaggio nativo dovremmo scrivere tante applicazioni quanti sono i sistemi operativi per i quali intendiamo rendere disponibile l'applicazione. Se vogliamo rendere disponibile la nostra applicazione per iOS, dovremo scrivere codice Objective-C, se sviluppiamo per Android dovremmo scrivere codice usando il linguaggio Java per Android.

Se invece decidiamo di utilizzare un linguaggio non nativo, le opzioni a disposizione sono diverse: Xamarin, Titanium, jQuery Mobile, PhoneGap, Sencha Touch, Kendo UI, Corona,

Unity 3D, Cocos 2D, sono solo alcune delle opzioni a disposizione.

I motivi che portano a scegliere se sviluppare in linguaggio nativo o non nativo sono diversi. Ci possono essere motivi tecnici, ad esempio non si conosce approfonditamente un linguaggio nativo, motivi di tempo e budget, se il cliente chiede che l'applicazione sia compatibile con le piattaforme attualmente più diffuse : Android, iOS, Windows Phone, Blackberry, se sviluppassi in linguaggio nativo dovrei sviluppare 4 applicazioni distinte e di conseguenza conoscere anche i rispettivi 4 linguaggi nativi, utilizzando un linguaggio non nativo invece potrei sviluppare una sola applicazione e poi "cross-compilarla" per poterla eseguire sulle piattaforme richieste.

Un altro aspetto importante che condiziona la scelta è il tipo di applicazione da sviluppare. Se si deve sviluppare un'applicazione che ha la necessità di utilizzare risorse hardware particolari a volte non ci sono alternative all'utilizzo di un linguaggio nativo.

In questo libro tra le varie opzioni a disposizione per sviluppare in linguaggio non nativo tratteremo il framework Sencha Touch. I motivi della scelta sono rappresentati dal fatto che Sencha Touch è uno dei frameworks HTML5 più popolari, supporta l'architettura di programmazione MVC, supporta l'accelerazione hardware, ha un proprio packager nativo. Utilizzando il framework Sencha Touch, gli sviluppatori possono creare un'esperienza utente "like" applicazione nativa facendo la build di una web application HTML5. L'app creata può avere un look come le applicazioni native iOS, Android, Windows o BlackBerry. Non sarà necessario utilizzare linguaggi nativi come Java, Objective-C o C++, per costruire l'applicazione si userà solo tecnologia client-side come JavaScript, CSS3 e HTML5.

L'obiettivo del libro è insegnarvi a sviluppare una Web APP utilizzando il framework Sencha Touch e di cross-compilare la web app per Android e iOS. Al termine del libro sarete in grado di creare web app responsive, di cross-compilarle per Android, iOS e Windows, pronte per essere distribuite sui vari market di app come Google Store e su App Store.

0.1 Questo libro è per te se

- Vuoi avere un quadro generale del framework Sencha Touch e degli strumenti che ne ruotano attorno

- Vuoi imparare a sfruttare le potenzialità del framework Sencha Touch iniziando con il piede giusto

- Vuoi imparare a sviluppare app per diverse piattaforme

- Vuoi imparare a sviluppare web app

- Vuoi creare applicazioni per dispositivi iOS utilizzando Sencha Touch (anche senza avere un Mac o Xcode)

- Vuoi creare applicazioni iOS da Windows

- Vuoi creare applicazioni per dispositivi Android utilizzando Sencha Touch

- Vuoi capire come usare PhoneGap e PhoneGap Build con Sencha Touch

- Vuoi distribuire la tua applicazione sviluppata con Sencha Touch e impacchettata per i dispositivi iOS sull'App Store di Apple

- Vuoi distribuire la tua applicazione sviluppata con Sencha Touch e impacchettata per i dispositivi Android su Google Play

- Vuoi distribuire la tua applicazione sviluppata con Sencha Touch e impacchettata per i dispositivi Windows Phone su Windows Phone Store

In generale questo libro è per te se non conosci per niente questo framework o hai da poco iniziato a studiare Sencha Touch, se vuoi sviluppare un'applicazione mobile e non sai da dove partire.

0.2 Prerequisiti

Sencha Touch è un framework basato su JavaScript, sarai facilitato nello studio se hai già una conoscenza di base di Javascript e se ti trovi già a tuo agio con i concetti di programmazione ad oggetti. Altri concetti che è bene conoscere sono: CSS3, HTML5, JSON. Se sei totalmente a digiuno con questi temi il tuo percorso di apprendimento attraverso questo libro sarà più lento, ma ti fornirò le informazioni per approfondire i concetti necessari.

0.3 Come usare questo libro

Questo libro è basato su un corso di formazione di 3 giorni intensivi erogato a sviluppatori web, mobile e ad aziende che vogliono ampliare la loro offerta di servizi aggiungendo questa tecnologia. Ogni capitolo è costruito per dare qualcosa al lettore/studente del corso. In ogni capitolo imparerete dei concetti nuovi che metterete subito in pratica attraverso esempi pratici. Per rendere lo studio più interessante ho pensato di non preparare degli esempi finalizzati solo ad applicare il concetto teorico, ma di utilizzare i concetti che imparerete in ogni capitolo per costruire i mattoncini di un'applicazione reale più complessa. In questo modo alla fine del percorso avrete realizzato un'applicazione già con un sufficiente grado di complessità che potrete fruire online attraverso un browser o impacchettarla generando applicazioni native per le piattaforme mobile più comuni (iOS, Android, Windows Phone) Ogni capitolo sarà corredato da codice sorgente. Ogni cartella conterrà il codice sorgente degli esempi presentati nel libro.

Una volta che nelle vostre mani avrete il codice sorgente e il libro avrete tutto il materiale per partire con questa avventura.

0.4 Temi trattati nel libro

Il libro è strutturato in tre parti, e comprende 15 capitoli più questa introduzione.

Parte 1
Le basi per sviluppare una Web App

Capitolo 1. **Introduzione a Sencha Touch**. Vedremo le opzioni a disposizione dello sviluppatore mobile e inizieremo a scoprire il mondo Sencha Touch.

Capitolo 2. **Installazione degli strumenti per lo sviluppo**. Installeremo il software necessario per sviluppare e il software opzionale che risulterà utile.

Capitolo 3. **Prima applicazione: il processo di sviluppo**. Creeremo il primo progetto *Hello World*, analizzeremo le cartelle generate e vedremo come fare test e debug dell'applicazione.

Capitolo 4. **Le basi di Sencha Touch**. Saranno descritte le classi del framework, come fare riferimento ai nodi del DOM, come gestire gli eventi.

Capitolo 5. **I Componenti di Sencha Touch**. Partiremo con la costruzione delle interfacce, inserendo Panels, Buttons, Templates e analizzeremo il ciclo di vita dei componenti.

Capitolo 6. **Gestione dei Layout**. Vedremo le possibilità che Sencha Touch ci mette a disposizione per organizzare i componenti sull'interfaccia.

Capitolo 7. **Navigare tra le schermate**. Vedremo due architetture di navigazione per la nostra applicazione: la navigazione con i TabPanel e la navigazione per mezzo del componente NavigationView.

Capitolo 8. **Data Store**. Impareremo a lavorare con gli store, molto utilizzati nelle applicazioni Sencha Touch.

Capitolo 9. **Model**. Impareremo a lavorare con i modelli dei dati per creare applicazioni di facile manutenzione.

Capitolo 10. **Connessioni Remote**. Impareremo a lavorare con i modelli dei dati per creare applicazioni di facile manutenzione.

Parte 2
Creazione di una Web App completa

Capitolo 11. **Il processo di sviluppo**. Creeremo il progetto Sencha Touch dell'applicazione che ci accompagnerà nella seconda parte e analizzeremo il processo di sviluppo.

Capitolo 12. **ATOApp: Navigazione, Liste e Mappe**. Inseriremo due architetture di navigazione delle schermate dell'app e approfondiremo le conoscenze su liste e mappe.

Capitolo 13. **XTemplate e NavigationView**. In questo capitolo realizzeremo la schermata di dettaglio della nostra applicazione e implementeremo le funzioni per gestire le transizioni sugli eventi di tap sull'item della lista e tap sul marker nella mappa.

Capitolo 14. **Temi e Stili**. Impareremo a creare temi per la nostra applicazione, in modo che si presenti più accattivante. Vedremo come usare dei font e icone custom.

Parte 3

Creazione dei pacchetti per Android, iOS e Windows

Capitolo 15. **Creare un pacchetto nativo**. Vedremo diverse metodologie per creare pacchetti nativi. Vedremo come creare i nostri pacchetti nativi anche senza avere installatto l'sdk del sistema operativo per il quale vogliamo creare l'applicazione. Ossia vedremo come creare un'app per iOS senza avere un Mac e relativo sdk (xCode) installati, discorso equivalente per le altre piattaforme.

0.5 Download del codice degli esempi

Potete scaricare il codice sorgente necessario allo studio da questo link: http://www.appacademy.it/download/creare-web-app-source-code/. Per scaricare i sorgenti usate il codice che trovate alla fine del libro, nell'appendice 1. Nella cartella che scaricherete saranno presenti tutti i progetti presentati nel libro.

0.6 Feedback dei lettori

I feedback dei lettori sono sempre benvenuti. Fatemi sapere cosa pensate di questo libro, cosa vi piace e cosa non vi piace. I vostri feedback sono importanti per me per permettermi di sviluppare temi dai quali i lettori possano trarne il massimo vantaggio e per orientare le scelte dei prossimi libri nella direzione dei vostri desideri e necessità. Potete inviare i vostri feedback direttamente a me, alla email cosimopalma@appacademy.it .

Canali per rimanere in contatto

Se vuoi contattarmi o semplicemente rimanere in contatto puoi usare il canale che preferisci:

linkedin: it.linkedin.com/in/cosimopalma
email: cosimopalma@appacademy.it
facebook: www.facebook.com/appacademy.it/
twitter: https://twitter.com/AppAcademyIT

Come contattare l'autore

Puoi contattarmi attraverso il sito web www.appacademy.it o
tramite e-mail all'indirizzo cosimopalma@appacademy.it

0.7 Errata corrige

È stato messo tutto lo sforzo possibile per evitare errori sia nel
testo di questo libro che all'interno del codice. Tuttavia
nessuno è perfetto e gli errori si presentano. Se trovate un
errore, sia errori di battitura che errori all'interno di pezzi di
codice, vi sarò molto grato se vorrete darmi un feedback
inviandomi una mail a cosimopalma@appacademy.it , saranno
verificate le informazioni e sarà pubblicata una soluzione nella
sezione Errata Corrige del sito, le correzioni definitive saranno
inserite nella successiva edizione del libro, ma saranno
disponibili per il download nella modalità con la quale avete
scaricato il codice sorgente.

Parte 1:

Le basi per sviluppare una Web App

Capitolo 1. **Introduzione a Sencha Touch**. Vedremo le opzioni a disposizione dello sviluppatore mobile e inizieremo a scoprire il mondo Sencha Touch.

Capitolo 2. **Installazione degli strumenti per lo sviluppo**. Installeremo il software necessario per sviluppare e il software opzionale che risulterà utile.

Capitolo 3. **Prima applicazione: il processo di sviluppo**. Creeremo il primo progetto *Hello World*, analizzeremo le cartelle generate e vedremo come fare test e debug dell'applicazione.

Capitolo 4. **Le basi di Sencha Touch**. Saranno descritte le classi del framework, come fare riferimento ai nodi del DOM, come gestire gli eventi.

Capitolo 5. **I Componenti di Sencha Touch**. Partiremo con la costruzione delle interfacce, inserendo Panels, Buttons, Templates e analizzeremo il ciclo di vita dei componenti.

Capitolo 6. **Gestione dei Layout**. Vedremo le possibilità che Sencha Touch ci mette a disposizione per organizzare i componenti sull'interfaccia.

Capitolo 7. **Navigare tra le schermate**. Vedremo due architetture di navigazione per la nostra applicazione: la navigazione con i TabPanel e la navigazione per mezzo del componente NavigationView.

Capitolo 8. **Data Store**. Impareremo a lavorare con gli store, molto utilizzati nelle applicazioni Sencha Touch.

Capitolo 9. **Model**. Impareremo a lavorare con i modelli dei dati per creare applicazioni di facile manutenzione.

Capitolo 10. **Connessioni Remote**. Impareremo a lavorare con i modelli dei dati per creare applicazioni di facile manutenzione.

1. Introduzione a Sencha Touch

"La vita è troppo breve per sprecarla a realizzare i sogni degli altri."
Oscar Wilde

In questo capitolo cercherò di rispondere alle seguenti domande:

- Quali opzioni ci sono per sviluppare applicazioni per dispositivi mobile?
- Cos'è Sencha Touch ?
- Per quali piattaforme mobile è possibile sviluppare con il framework Sencha Touch ? Android ? iOS ? Windows Phone ?
- Che tipo di applicazioni è possibile sviluppare ?
- Dove trovare aiuto se si stà sviluppando un'applicazione con il framework Sencha Touch ?

Utilizzando il framework Sencha Touch, gli sviluppatori possono creare un'esperienza utente molto vicina a quella di un'applicazione nativa facendo la build di una web application HTML5. Sencha Touch usa il design pattern MVC. L'app creata può avere un look&feel come le applicazioni native iOS, Android, Windows o BlackBerry, ma è possibile creare un look&feel proprio. Non sarà necessario utilizzare linguaggi nativi come Java, Objective-C o C++, per costruire l'applicazione si userà solo tecnologia client-side come JavaScript, CSS3 e HTML5. È possibile accedere ad un'applicazione Sencha Touch attraverso qualsiasi browser, ma è anche possibile impacchettare l'applicazione è distribuirla sui vari App Store.

1.1 Quali sono le opzioni per lo sviluppatore mobile ?

Quando si decide di sviluppare un'applicazione per dispositivi mobile, la prima scelta da fare è quella di stabilire se svilupparla direttamente nel linguaggio nativo del dispositivo mobile o utilizzare un approccio che permetta di scrivere l'applicazione in un linguaggio non nativo (HTML5, JavaScript, C++, C#,..) e poi "cross-compilarla" e impachettarla per il dispositivo target.

Se scegliamo di sviluppare in linguaggio nativo, dovremo scrivere tante applicazioni quanti sono i sistemi operativi per i quali intendiamo rendere disponibile l'applicazione. Se vogliamo rendere disponibile la nostra applicazione per iOS, dovremo scrivere codice Objective-C, se sviluppiamo per Android dovremmo scrivere codice usando il linguaggio Java per Android. Se invece decidiamo di utilizzare un linguaggio non nativo le opzioni a disposizione sono diverse: **Xamarin, Titanium, jQuery Mobile, PhoneGap, Sencha Touch, Kendo UI, Corona, Unity 3D, Cocos 2D**, sono solo alcune delle opzioni a disposizione.

I motivi che portano a scegliere se sviluppare l'applicazione usando un linguaggio nativo o non nativo sono diversi. Ci possono essere motivi tecnici, ad esempio non si conosce approfonditamente un linguaggio nativo, motivi di tempo e budget, se il cliente chiede che l'applicazione sia compatibile con le piattaforme attualmente più diffuse: Android, iOS, Windows Phone, Blackberry, e si sceglie di sviluppare usando un linguaggio nativo bisognerebbe sviluppare 4 applicazioni distinte e di

conseguenza conoscere anche i rispettivi 4 linguaggi nativi; utilizzando un linguaggio non nativo invece si potrebbe sviluppare una sola applicazione e poi "cross-compilarla" per poterla eseguire sulle piattaforme richieste. Un altro aspetto importante che condiziona la scelta è il tipo di applicazione da sviluppare. Se si deve sviluppare un'applicazione che ha la necessità di utilizzare risorse hardware particolari a volte non ci sono alternative all'utilizzo di un linguaggio nativo.

In questo libro tra le varie opzioni a disposizione per sviluppare in linguaggio non nativo tratteremo il framework **Sencha Touch**. I motivi della scelta sono rappresentati dal fatto che Sencha Touch è uno dei frameworks HTML5 più popolari, supporta l'architettura di programmazione MVC, supporta l'accelerazione hardware, ha un proprio packager nativo. Utilizzando il framework Sencha Touch, gli sviluppatori possono creare un'esperienza utente "like" applicazione nativa facendo la build di una web application HTML5. L'app creata può avere un look come le applicazioni native iOS, Android, Windows o BlackBerry. Non sarà necessario utilizzare linguaggi nativi come Java, Objective-C o C++, per costruire l'applicazione si userà solo tecnologia client-side come JavaScript, CSS3 e HTML5. È possibile accedere ad un'applicazione Sencha Touch attraverso qualsiasi browser, ma è anche possibile impacchettare l'applicazione è distribuirla sui vari app store.

Ci sono numerosi approcci per creare applicazioni cross-platform. I più usati sono fondamentalmente due. Il primo metodo consiste nell'eseguire il codice sorgente scritto dallo sviluppatore in una WebView. Il secondo metodo consiste nel compilare il codice sorgente e i vari template che definiscono l'applicazione generando eseguibili diversi a seconda del sistema operativo mobile target. Tipicamente in questo secondo metodo la società creatrice del framework crea un livello di codice tra l'applicazione e il sistema operativo. In fase di compilazione, l'applicazione scritta dallo sviluppatore e questo livello intermedio vengono compilati per creare l'applicazione nativa.

Quindi nella ricerca della tecnologia (o tecnologie, in quanto la scelta è spesso dettata dal risultato finale che si vuole ottenere) per sviluppare l'applicazione cross-platform sulla vostra strada incontrerete:

- Frameworks che utilizzano tecnologie web per renderizzare le applicazioni attraverso i browser (Web Views)
- Framework che offrono un SDK capace di convertire direttamente in codice nativo

Vediamo di seguito alcuni esempi di tools delle categorie presentate sopra.

1.2 Frameworks che utilizzano tecnologie web

Attraverso i frameworks HTML5 gli sviluppatori hanno la possibilità di creare applicazioni mobile simili alle applicazioni mobile native, usando tecnologie web.

Gli utenti delle applicazioni mobile ormai hanno imparato a riconoscere come standard elementi come le liste scrollabili, swipe, animazioni responsive. I frameworks HTML5 fanno molto spesso questo lavoro per noi lasciando lo sviluppatore libero dalla gestione di queste funzionalità ormai quasi standard e imprescindibili per una applicazione mobile. I frameworks HTML5 forniscono la possibilità di salvare dati all'interno di data store usando il local storage dei web browser.

Questo tipo di applicazioni sono fruibili tramite web browser, ma usando tools addizionali di packaging, come PhoneGap o il tool di build fornito da Sencha Touch è possibile impacchettare l'applicazione e distribuirla sui famosi app store.

1.2.1 jQuery Mobile

jQuery Mobile è un framework open source HTML5 tra i più popolari. La sua popolarità è dovuta in parte al fatto che il framework si basa su jQuery, una libreria JavaScript usata largamente in ambito web. Usa una sintassi basata su DOM. Non ha di base molti widget, ma il fatto che sia open source permette di trovare molti widget all'interno della community. Ha una buona documentazione e una vasta comunità. Non ha un'architettura MVC built-in, quindi se si vuole implementare un design pattern si deve utilizzare un framework addizionale. Senza un design pattern applicazioni complesse possono diventare difficili da mantenere. Sencha Touch è ottimizzato per essere eseguito quasi esclusivamente su browser web-kit mentre jQuery Mobile su tutti browsers html. Questo può essere visto più come un vantaggio per Sencha Touch rispetto a jQuery Mobile, infatti questa ottimizzazioni rende le applicazioni mobile sviluppate con Sencha Touch estremamente veloci e fluide quasi quanto le applicazioni native.

1.2.2 AngularJS

AngularJS è un framework JavaScript, che permette la realizzazione di applicazioni Web single page. L'architettura delle applicazioni AngularJS si ispira al patternMVC, ma rispetto ai diretti concorrenti, questo framework è in grado di ridurre in maniera considerevole il codice necessario a realizzare applicazioni HTML/JavaScript.

1.2.3 Kendo UI

Anche Kendo UI è basato su jQuery. È un prodotto sviluppato da Telerik e come Sencha Touch offre un'ampia gamma di widget, effetti e fogli di stile. Questo framework usa il design pattern MVVM (Model-View-View-Model) che aiuta gli sviluppatori a separare i modelli (Model) dalle viste (View). Per il suo utilizzo è richiesta una licenza commerciale e la documentazione non è molto ampia.

1.3 Framework che offrono un SDK capace di convertire in codice nativo

1.3.1 Appcelerator Titanium

Appcelerator Titanium è una piattaforma di sviluppo per applicazioni mobile cross-platform. Le app in JavaScript sono poi tradotte nei linguaggi nativi di iOS, Android, Blackberry, Tizen ed anche in HTML5. Titanium produce applicazioni native multipiattaforma che non girano all'interno di una WebView.

Le applicazioni risultanti saranno più lente rispetto alle applicazioni equivalenti native, ma il tempo di sviluppo, soprattutto se il progetto prevede che siano supportate diverse piattaforme, si riduce.

Titanium usa un interprete JavaScript per interfacciare l'applicazione scritta dallo sviluppatore con il sistema opertivo target. Può risultare difficile fare debug delle applicazioni, e le app prodotte sono più lente di quelle native a causa del tempo introdotto dal livello che astrae il sistema operativo.

1.3.2 Xamarin

Xamarin permette agli sviluppatori di creare applicazioni per iOS e Android scrivendo codice C#. Il miglior vantaggio di questo framework è che compila completamente in codice nativo l'applicazione, permettendo di ottenere prestazioni simili a quelle delle applicazioni native. L'applicazione finale è più pesante di una nativa in quanto è incluso il framework. È un framework commerciale.

1.3.3 Embarcadero

Attraverso le soluzioni di Embarcadero è possibile creare applicazioni per iOS, Android e Windows scrivendo codice C++ o Delphi. Come Xamarin, Embarcadero permette di cross-compilare il codice scritto in C++ o Delphi per ottenere un'applicazione nativa. L'applicazione finale è più pesante di un'applicazione nativa in quanto è incluso il framework. È un framework commerciale.

1.4 Sencha Touch

Sencha Touch è un framework JavaScript, che adotta il paradigma MVC, progettato per creare mobile web application per touchscreen devices. Sencha Touch è concepito come un unico package che include la maggior parte dei servizi offerti dagli altri frameworks e può essere facilmente esteso in diversi modi per venire incontro alle necessità dello sviluppatore. Solitamente non c'è bisogno di usare altre librerie oltre Sencha Touch all'interno del progetto. Gli sviluppatori di Sencha Touch hanno fatto la scelta di supportare soltanto WebKit e di non supportare gli altri mobile browser engine come Gecko (Firefox), Presto (Opera), o Trident (Internet Explorer).

Il supporto esclusivo a WebKit permette a Sencha Touch di usare le più avanzate tecnologie web oggi disponibili. Questa scelta si ripercuote sul fatto che solo Safari o Google Chrome possono essere usati per fare il debug di applicazioni Sencha Touch. Da Sencha Touch 2.3 supporta WebKit, Internet Explorer 10 per Windows 8 e le seguenti piattaforme:

- Android
- iOS
- Windows Phone 8
- BlackBerry

1.4.1 Un pò di Storia su Sencha Touch

Sencha Touch è basato su Ext JS, jQTouch e Raphael (un framework JavaScript/SVG per grafica vettoriale cross-browser). A differenza di jQTouch e jQuery Mobile non dipende da jQuery.

1.4.2 Che genere di applicazioni si possono costruire ?

Apple nelle sue linee guida per il progetto di applicazioni per iOS ha dichiarato che ci sono tre tipologie di applicazioni mobile che possono essere create per l'iPhone:

- Utility apps, come app sulle previsioni del tempo o di informazione finanziaria;
- Productivity apps, come applicazioni business o document-oriented;
- Immersive apps, come giochi.

Seguendo questa tassonomia, Sencha Touch è più adatto per la creazione di applicazioni appartenenti alle prime due tipologie. Tuttavia è certamente possibile creare giochi o altri tipi di apps che hanno una user experience complessa. Con Sencha Touch si possono costruire applicazioni per dispositivi mobile touchscreen, che siano smartphone e tablets, ma può essere usato anche per creare applicazioni desktop.

1.4.3 Perchè scegliere Sencha Touch ?

Usando Sencha Touch puoi:

- Creare applicazioni fruibili da un web browser
- Creare applicazioni fruibili da un smartphone browser
- Creare applicazioni che possono essere installate nativamente su iOS, con o senza l'uso di un MAC e di Xcode
- Creare applicazioni che possono essere installate nativamente su Android
- Distribuire le tue applicazioni attraverso Apple e Google app store
- Integrare le tue applicazioni con popolari servizi come ad esempio Facebook
- Utilizzare risorse hardware del dispositivo come GPS, vibrazione e camera

- Fare quasi tutto cio che può fare un'applicazione nativa, con qualche limitazione

1.4.4 Caratteristiche principali

Sencha Touch è oggi una piattaforma completa per costruire web applications che presenta le seguenti caratteristiche principali:

- Ampia libreria di widget per costruire la User Interface, ispirata ad iOS sia nel design che nelle funzionalità
- Veloce engine di rendering basato su CSS, che può sfruttare l'acceleratore hardware generalmente presente nelle ultime versioni dei dispositivi mobile
- Architettura ben definita, si usa il paradigma MVC anche nei progetti più semplici
- Connettori built-in per servizi di rete, come REST e supporto per mobile web application offline
- Meccanismo di class-loading avanzato, nel rispetto delle linee guida sul naming e del paradigma MVC
- Una command line per la gestione dell'applicazione (build, build native application, merge,..)
- Estesa documentazione, disponibile in HTML

Sencha Touch può essere visto come un framework "all-in-one" che include sia le APIs che i tools necessari per creare l'applicazione mobile.

1.4.5 Supporto a device e browser

Sencha Touch alla scrittura di questo libro supporta:

- iOS dalla versione 3
- Android dalla versione 2.3
- BlackBerry OS dalla versione 6

Sencha Touch è un framework 100% browser based e per questo è agnostico al server. È possibile fare il deploy dell'applicazione Sencha Touch usando qualsiasi tecnologia lato server, come PHP, Java, Ruby on Rails, .NET.

1.4.6 Licensing

Sencha Touch è disponibile "for free" e sarà possibile creare un numero illimitato di applicazioni. Se si vuole usare Sencha Touch per "commercial use", ad esempio per distribuire la propria applicazione su Apple App Store o Google Play, bisognerà registrare prima il proprio indirizzo email. Per progetti Open Source, Sencha Touch è disponibile sotto la licenza GPLv3. Per approfondire gli argomenti legati al licensing potete visitare il sito "Sencha Touch Licensing Options"

1.4.7 Licenza Bundle

È possibile acquistare Sencha Touch in uno dei Sencha bundle. Ognuno dei due bundles include Sencha Touch. L'immagine in basso fornisce un'overview dei pacchetti inclusi in ciascun bundle.

Sencha Complete	Sencha Touch bundle
Sencha Architect	Sencha Architect
Sencha Ext JS	Sencha Touch
Sencha Touch	Sencha Eclipse Plugin
Sencha Eclipse Plugin	Sencha Touch Charts
Sencha Touch Charts	Sencha Touch Grid
Sencha Touch Grid	Sencha Support Package
Sencha Mobile Packaging	
Enterprise Data Connectors	
Sencha Support Package	

Figura 1.1 – Le opzioni di licenza.

*Dal 1° Luglio 2015, il Sencha Touch Bundle non è più disponibile per l'acquisto. Per gli approfondimenti si rimanda alle rispettive pagine dei bundle: Sencha Complete e Sencha Touch bundle. In questo libro useremo la versione free di Sencha Touch. Di seguito un veloce overview di alcuni componenti all'interno dei bundles.

Sencha Architect
Un IDE desktop per lo sviluppo di applicazioni Touch e Ext JS.

Sencha Cmd
Tool a riga di comando per sviluppare applicazioni desktop e touch.

Touch Charts
Utilizzando i Sencha Touch Charts è possibile visualizzare complessi grafici (Cartesiani, Polari ecc..). Tutti i grafici saranno renderizzati in canvas HTML5 e utilizzano l'acceleratore hardware per ottimizzare le performance. I Touch Chart sono inclusi in entrambi i bundles. Esiste anche una versione GPL open source di Touch Charts. Questa versione non richiede licenza, ma le applicazioni sviluppate conterranno un logo/watermark sulla parte bassa di ogni grafico.

1.4.8 Il network di siti Sencha

È possibile registrarsi gratuitamente a ciascuno dei siti del network.

Sencha Market
All'interno del Sencha Market è possibile trovare e condividere Sencha Extensions.

Sencha Devs
Sencha Devs contiene la lista aggiornata degli sviluppatori Sencha di tutto il mondo per permettere a questi ultimi di promuovere i propri skills o per trovare partner per sviluppare progetti. Potete facilmente fare il setup del vostro account e iniziare a condividere i vostri skills.

1.4.9 Le release di Sencha Touch

La prima release di Sencha Touch è stata rilasciata il 17 Luglio 2010 (0.90 beta). La prima versione stabile (1.0) è stata rilasciata nel Novembre 2010. La versione attualmente rilasciata alla scrittura di questo libro e le versione 2.4.2. Questa versione include il supporto per Android, iOS, BlackBerry 10, Kindle, Windows Phone, MS Surface Pro and RT, Chrome Pixel, e dispositivi Tizen. Tra la versione 1.* e 2.*, sono cambiate molte API e molte altre sono state classificate come deprecate. In questo libro useremo la versione 2.4.2. Per coloro che utilizzano la versione 2.4.1 ho scritto un'appendice per risolvere dei bug presenti in questa versione dopo l'aggiornamento di chrome alla versione 43. I bug sono stati risolti con la release 2.4.2.

1.4.10 Dove trovare aiuto

Sencha ha una community molto attiva e in crescita, il Forum di Sencha www.sencha.com/forum/ è il posto giusto per entrare in contatto con il team di Sencha e altri sviluppatori.

1.4.11 Documentazione e API

La documentazione delle API è disponibile online e anche inclusa all'interno del pacchetto Sencha Touch scaricabile. La documentazione offline si trova all'interno della cartella docs del framework.

1.4.12 Browser Supportati

- Safari
- Google Chrome
- WebKit
- Microsoft Internet Explorer 10+

- BB10 Browser
- Android Browser
- Tizen Browser
- Opera Mobile
- Firefox 21

1.4.13 Software necessario

Per impostare l'ambiente necessario per sviluppare con Sencha avrai bisogno del seguente software:
- Il framework Sencha Touch
- Sencha Cmd. L'installazione di Sencha Cmd richiede: Ruby, Java SE Development Kit (JDK7 o superiore) o Java Runtime Environment (JRE)
- Un web server
- Un editor di testo
- Un browser

Nel capitolo 3 vedremo come fare tutte le installazioni necessarie per avere un corretto ambiente di sviluppo Sencha Touch.

1.5 L'applicazione da realizzare: ATOApp

Nel corso di questo viaggio realizzeremo un'applicazione fruibile da smartphone, tablet e desktop. Realizzeremo due esperienze utente differenti. L'applicazione presenterà le attrazioni di Torino. Se l'utente si collegherà o aprirà l'applicazione da smartphone vedrà la seguente user experience. La lista delle attrazioni raggruppate per tipologia:

Figura 1.2 – L'applicazione "Guida Torino", la prima schermata
che presenteremo all'avvio dell'applicazione.

Cliccando sull'item della lista si accede a questa schermata di
dettaglio:

Figura 1.3 – La schermata di dettaglio dell'applicazione, si accede con un tap su un item della lista.

Cliccando sull'icona info si accede a questa schermata:

Figura 1.4 – Schermata info, si accede cliccando sulla tab info.

Pronti per l'avventura ?

1.6 Conclusioni

In questo capitolo abbiamo iniziato a scoprire Sencha Touch, presentando le caratteristiche principali, abbiamo introdotto i tools che ruotano attorno al framework, abbiamo visto dove cercare informazioni (Documentazione e Forum ufficiale Sencha) e quali applicazioni e per quali piattaforme è possibile sviluppare con il framework Sencha Touch, e infine abbiamo presentato l'applicazione che andremo a realizzare nel corso di questo libro.

2. Installazione degli strumenti per lo sviluppo

"Quando una porta della felicità si chiude, se ne apre un'altra, ma tante volte guardiamo così a lungo quella chiusa, che non vediamo quella che è stata aperta per noi."
Paulo Coelho

In questo capitolo vedremo passo passo l'installazione dei software necessari per sviluppare un applicazione Sencha Touch. La difficoltà di installare l'ambiente Sencha Touch viene dal fatto che bisogna installare diversi componenti, ma non preoccupatevi, di solito non si hanno problemi nella creazione del proprio ambiente di sviluppo Sencha Touch.

2.1 Software necessario per sviluppare

- Un web server, ad esempio XAMPP

- Java Runtime Environment
- Un'installazione di Ruby e RubyGems
- Sencha Cmd
- Il framework Sencha Touch
- Google Chrome o Apple Safari
- Un editor di testo

La lista sopra è tutto ciò che serve per iniziare e vale sia che abbiate scelto di lavorare utilizzando un computer con Linux, OS X o Windows. Essendo Sencha Touch un mobile framework, per cross-compilare l'applicazione sui target ad esempio Android o iOS sarà necessario avere gli SDK di Android e/o iOS. Vedremo nell'ultimo capitolo sia l'opzione per crosscompilare usando l'SDK dell'ambiente target sia una strada alternativa per ottenere applicazioni native per i diversi dispositivi anche senza installare nessun SDK in locale. Per testare le applicazioni sul device sarebbe utile avere anche un dispositivo mobile iOS, Android o Windows target. Per iniziare sarà sufficiente un browser basato su WebKit (ad esempio Chrome) per avviare le applicazioni.

2.1.1 Web Server

È possibile eseguire localmente l'applicazione Sencha Touch che si sviluppa attraverso l'utilizzo di un web server. Consiglio di scaricare XAMPP. Scegliete la versione per la vostra piattaforma e scaricate il software da questo indirizzo: https://www.apachefriends.org/it/index.html

Figura 2.1 – Il pacchetto XAMPP .

L'installazione di XAMPP è molto semplice, basta un doppio click sull'eseguibile. Una volta installato aprite "XAMPP Control Panel" e avviate Apache cliccando sul tasto "Start". Per verificare che l'installazione sia stata eseguita correttamente, aprite un browser e nella barra degli indirizzi scrivete "localhost". Se l'installazione è andata a buon fine dovreste vedere una pagina come quella in figura sotto:

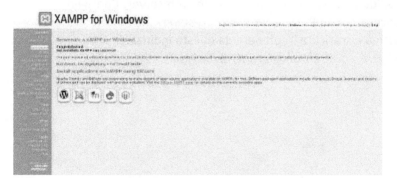

Figura 2.2 – La schermata iniziale di XAMPP.

2.1.2 IDE o Editor

C'è bisogno di un editor che evidenzi, validi e formatti la sintassi JavaScript per sviluppare attraverso il "codice Sencha". L'editor che sceglierete è consigliabile che includa un controllore della sintassi JavaScript come JSLint o JSHint. Scegliete l'editor o IDE che preferite. Tra i più usati ci sono Sublime Text, WebStorm, Aptana/Eclipse, e NetBeans. Io utilizzo Sublime Text per la sua semplicità.

http://www.sublimetext.com/

2.1.3 Web Browser

Avrai bisogno di un browser aggiornato per visualizzare e testare le tue applicazioni Sancha Touch. Le possibili opzioni sono Google Chrome, Safari, Internet Explorer 10 (o superiore). Attualmente Mozilla Firefox 21 e in una fase di supporto sperimentale. Se non avete preferenze tra i browser supportati, consiglio di usare Google Chrome e di aggiungere i plugin presentati nei paragrafi seguenti.

2.1.4 Plugin: Ripple Emulator

Ripple emulator è un plugin per Chrome che permette di visualizzare la nostra pagina web all'interno di un contenitore mobile che è possibile scegliere. Attraverso questo plugin è possibile verificare come l'applicazione si comporta su differenti schermi.

Figura 2.3 – Ripple plugin.

2.1.5 Ruby

Sencha Cmd richiede Ruby per compilare i progetti Sass in CSS nella fase di build dell'applicazione Sencha Touch. Dopo averlo installato verificate la presenza di Ruby nella variabile d'ambiente PATH.

- Mac OS X: Ruby è installato automaticamente

- Windows: Scaricate il file http://rubyinstaller.org/downloads/ ed eseguitelo

- Unix: Potete usare il comando *sudo apt-get install ruby2.0.0* per scaricare e installare Ruby.

Una volta terminata l'installazione, per verificare che Ruby sia correttamente installato aprite un terminale dei comandi ed eseguite il comando:

ruby -v

Se Ruby è installato correttamente riceverete un messaggio con la versione di Ruby installata e il sistema.

2.1.6 Java

Sencha Cmd è scritto in Java e richiede Java Runtime Environment 1.7 (JRE) o Java SE Development Kit 7 (JDK 7) per poter funzionare correttamente. JDK 7 è usato anche per eseguire il comando **sencha app watch**, che serve a compilare in background l'applicazione Sencha Touch e i fogli di stile Sass ogni volta che si salva l'applicazione. Quindi installiamo JDK7 o superiore che include anche JRE. Potete scaricarla da questo indirizzo:

http://www.oracle.com/technetwork/java/javase/down loads/index.html

Una volta scaricata installatela.

2.1.7 Sencha Cmd

Per sviluppare con Sencha Touch avrete bisogno di avere una copia di Sencha Cmd sulla vostra macchina. Con Sencha Cmd sarà possibile creare un nuovo progetto Sencha Touch, ridurlo al minimo (minify) e produrre l'applicazione finale. Al momento della scrittura di questo libro l'ultima versione disponibile è la 6.x, rilasciata proprio nei giorni di pubblicazione. Nel periodo di stesura del libro ho utilizzato la verisone 5.x, pertanto gli esempi presentati di seguito saranno creati con questa versione di Sencha Cmd.
Se avete una versione precedente già installata consiglio di fare un upgrade. Potete scaricare l'ultima versione di Sencha Cmd da :
http://www.sencha.com/products/sencha-cmd/download .
Se utilizzate la versione 6.x i comandi che utilizzeremo non cambieranno. Per verificare quale versione di Sencha Cmd è installata sulla vostra macchina aprite un terminale di comandi e eseguite il seguente comando:

sencha which

Se Sencha Cmd non è installato avrete un messaggio di risposta:

"command not found".

Se invece il tool è installato nella risposta troverete la versione e in quale directory è installata Sencha Cmd. Se sulla vostra macchina è installata una vecchia versione di Sencha Cmd, è il caso di fare un aggiornamento. Il comando per fare l'upgrade è:

sencha upgrade

Terminato l'aggiornamento riaprite una nuova finestra del terminale dei comandi ed eseguite il comando:

sencha

Se l'aggiornamento è andato a buon fine dovreste vedere l'ultima versione di Sencha Cmd.

2.1.8 Sencha Touch

Dopo aver installato tutto il materiale di contorno non ci rimane che scaricare il framework Sencha Touch : www.sencha.com/products/touch/download/.
Dovreste aver scaricato un pacchetto ZIP. Estraete il framework e copiate le cartelle all'interno della cartella htdocs del web server. Rinominate la cartella del framework in touch.
Per verificare che l'installazione è avvenuta correttamente aprite un browser e scrivete l'url :

http://localhost/touch/examples/kitchensink/index.html

Se tutto è andato per il verso giusto dovreste vedere una risposta come quella della figura sotto:

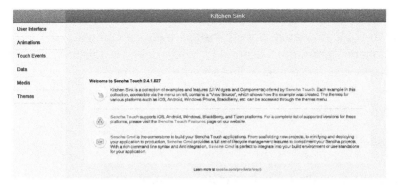

Figura 2.4 – La web app kitchensink.

A questo punto abbiamo tutto il necessario per sviluppare, ma vi chiedo di pazientare ancora un pò e installare il software opzionale descritto nel paragrafo successivo. Vi servirà per diversi scopi: creare temi, modificare temi esistenti, impacchettare la vostra applicazione.

2.2 Sofware opzionale per sviluppare

Se avete installato il sofware visto nel paragrafo precedente avete già il vostro ambiente per sviluppare applicazioni in Sencha Touch. Il software che vi propongo di installare di seguito completerà il vostro ambiente.

2.2.1 Sass e Compass

Per creare gli stili in un'applicazione Sencha Touch, si usano Sass e Compass. Sass è un preprocessore. In pratica lo stile dell'applicazione scritto attraverso Sass viene tradotto per ottenere un CSS comprensibile dal browser. Quando si fa la build dell'applicazione da command line (usando *sencha app build* o *sencha app watch*), Sencha Cmd tra le altre cose compilerà anche il vostro sass producendo il CSS, e in questo scenario non avete bisogno di installare Sass o Compass.

Se volete compilare i vostri file sass separatamente (attraverso il comando compass watch) dovete installare Sass e Compass. Per installare entrambi useremo Ruby già installato precedentemente. Da command line scrivete i comandi:

gem install compass

gem install sass -v 3.1.1

Verificate che l'installazione sia andata a buon fine usando i comandi:

compass -v
sass −v

2.2.2 NodeJS

Installate NodeJS, servirà per creare applicazioni native usando Adobe PhoneGap o Apache Cordova e partendo dalla nostra applicazione scritta in Sencha Touch.
Scaricate : nodejs.org/
Per verificare che l'installazione sia andata a buon fine da un terminale dei comandi scrivete :

node −v

   In output dovreste ottenere la versione di nodejs installata.

2.2.3 PhoneGap e Cordova

Per trasformare le applicazioni scritte in Sencha Touch in applicazioni native (hybrid app) è necessario installare Adobe PhoneGap o Apache Cordova. Apache Cordova è free e open source . Dovrete inoltre installare l'ambiente di sviluppo del target per permettere ad Apache Cordova di eseguire il suo lavoro, ossia se dovete compilare l'applicazione per iOS dovrete avere installato sulla vostra macchina Xcode, se dovete compilare l'applicazione per Android dovrete avere installato sulla vostra macchina l'ambiente di sviluppo Android. Attraverso Adobe PhoneGap è possibile fare la build dell'applicazione nel target scelto attraverso un servizio cloud web. Per fare la build via cloud sarà necessario avere un Adobe ID (free) e un account PhoneGap. Vedremo nel dettaglio questi task nell'ultimo capitolo.

Aprite un terminale dei comandi ed eseguite il comando sotto per installare Adobe PhoneGap:

npm install -g phonegap

Quest'altro comando per installare Apache Cordova:

npm install -g cordova

Per verificare che l'installazione sia andata a buon fine usate i comandi:

phonegap -v
o
cordova -v

Se l'installazione è terminata con successo dovreste ottenere come risposta ai comandi sopra li versioni installate.

2.3 Conclusioni

In questo capitolo abbiamo installato il software necessario per sviluppare testare e distribuire le applicazione scritte con il framework Sencha Touch. Adesso che abbiamo il sistema pronto è ora di iniziare a scrivere codice.

3. Il processo di sviluppo e prima Applicazione

"Presto o tardi coloro che vincono sono coloro che credono di poterlo fare."
Richard Bach

Partire con il primo progetto in una nuova tecnologia può intimidire perché probabilmente non si ha idea da dove partire, ma passo dopo passo, ora che abbiamo gli strumenti installati, elimineremo queste paure iniziali. In questo capitolo vedremo come creare un progetto Sencha Touch, come eseguirlo e come fare debug.
I task del processo sui quali ci andremo a focalizzare nel corso del libro sono descritti graficamente nell'immagine seguente:

Figura 3.1 – Processo di sviluppo di una web app.

In questo capitolo impareremo a **generare la struttura delle cartelle** e inizieremo a scrivere le nostre prime righe di codice creando la prima applicazione Hello World.

Impareremo a **testare** la nostra applicazione su dispositivi con diversa risoluzione e a fare il **debug** di una web application. Alla fine di questo capitolo saremo in grado di creare un'applicazione come quella presentata nello screenshot in basso.

Figura 3.2 – Prima applicazione.

3.1   Prima applicazione: Hello World

3.1.1   Nuovo Progetto

Nel capitolo 2 avete scaricato il framework Sencha Touch, che si presentava impacchettato in un file zip, estraete il contenuto nella cartella puntata dal web server:

C:\xampp\htdocs\touch-2.4.2

Per comodità rinominate la cartella *touch-2.4.2* in *touch*. Quindi, dovreste avere il vostro framewok Sencha Touch nel seguente percorso del filesystem:

C:\xampp\htdocs\touch

Dopo l'estrazione dovreste avere una struttura di cartelle come quella presentata nello screenshot seguente:

Figura 3.3 – Le cartelle del framework Sencha Touch.

Bene! Ora è il momento di generare il progetto. Seguite i passi sotto numerati.

1. Aprite un terminale dei comandi, ed entrate nella cartella appena creata:

   cd c:\xampp\htdocs\touch

2. Per la generazione di un nuovo progetto la sintassi è la seguente:

   sencha generate app -name <namespace> -path ../<appfolder>

   Eseguite il seguente comando dal teminale dei comandi (ricordo che siete nella cartella cd c:\xampp\htdocs\touch) per generare la nostra web application "Hello World".

   sencha generate app -name HelloWorld -path ../HelloWorld

   Il comando sopra invoca Sencha Cmd chiedendo la generazione di una nuova applicazione chiamata HelloWorld e la creazione nella directory HelloWorld che si troverà un livello superiore alla directory corrente che è touch.

Figura 3.4 – Le cartelle del progetto HelloWorld.

3. Avviate il web server. Ora potete vedere quello che avete creato aprendo il browser Chrome e scrivendo l'indirizzo localhost/HelloWorld nella barra degli indirizzi.

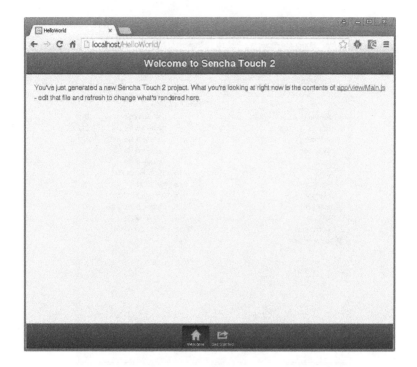

Figura 3.5 – HelloWorld.

3.2 Le cartelle del Progetto generato con Sencha Cmd

- .sencha

Contiene file di configurazione e script Ant per il processo di build con Sencha Cmd. Se non si aggiungeranno nuove cartelle all'interno della cartella app probabilmente non avrete bisogno di toccare il file sencha.cfg (.sencha/app/sencha.cfg) .

- *app*

Questa cartella contiene la struttura di cartelle MVC rappresentata dalle cartelle models, views, controllers, stores, e profiles. Per l'applicazione demo appena generata potete trovare all'interno di app/view/Main.js il tabpanel che avete potuto vedere nel vostro browser lanciando l'applicazione.

- *resources*

Contiene le sottocartelle con i file per i CSS, Sass, icone, immagini, splash screens e assets necessari all'applicazione.

- *touch*

E' una copia dell'sdk di Sencha Touch. Rispetto alla cartella che si trova un livello sopra, non sono inclusi tutti i file del framework, la documentazione e gli esempi.

- *app.json, packager.json e build.xml*

Contengono le impostazioni per il build e la distribuzione dell'applicazione.

- *bootstrap.js e bootstrap.json*

Contengono I metadati per il caricamento dinamico dei dati dell'applicazione. Assicurano che vengano caricati i file corretti nel corretto ordine.

- *app.js*

E' il punto di inizio dell'applicazione MVC.

- *index.html*

E' la pagina html caricata dal browser che viene utilizzata per avviare il caricamento dell'applicazione. Contiene i riferimenti al framework Sencha Touch, al file app.js, e ai CSS.

3.3 Progetto Hello World

Ora che abbiamo lo scheletro della nostra applicazione, iniziamo a plasmarlo per ottenere l'applicazione "hello world" che al termine del nostro lavoro si presenterà come nella figura in basso.

Figura 3.6 – HelloWorld - transizione vista/dettaglio.

Il processo: Quando si avvia l'applicazione viene eseguito *index.html*.

index.html chiama app.js che rappresenta l'inizio della nostra applicazione.   Nel metodo launch di app.js viene chiamato HelloWorld.view.Main (app/view/Main.js).

...

```
launch: function() {
    // Destroy the #appLoadingIndicator element
    Ext.fly('appLoadingIndicator').destroy();

    // Initialize the main view
    Ext.Viewport.add(Ext.create('HelloWorld.view.Main'));
},
```
...

Fate le modifiche riportate sotto a Main.js

```
Ext.define('HelloWorld.view.Main', {
    extend: 'Ext.tab.Panel',
```

```
xtype: 'main',
requires: [
  'Ext.TitleBar',
],
config: {
  tabBarPosition: 'bottom',

  items: [
    {
      title: 'Hello World',
      iconCls: 'home',

      styleHtmlContent: true,
      scrollable: true,

      items: {
        docked: 'top',
        xtype: 'titlebar',
        title: 'Hello World'
      },

      html: [
        "Hello World"
      ].join("")
    },
    {
      title: 'Dettaglio',
      iconCls: 'action',

      items: [
        {
          docked: 'top',
          xtype: 'titlebar',
          title: 'Dettaglio'
        },

        {
          html:'Pagina di dettaglio'
        }
```

```
      ]
     }
   ]
  }
});
```

Riavviate l'applicazione nel browser e dovreste vedere una schermata simile alla figura 3.7:

Figura 3.7 – HelloWorld.

Nota: Se volete fare l'upgrade del framework Sencha Touch utilizzato dalla vostra applicazione , scaricate la nuova versione di Sencha Touch dal sito e usate Sencha Cmd dall'interno di una command line con il seguente comando:

sencha app upgrade ../path-cartella-nuovo-sdk

3.4 Test e Debug

Come si vede l'applicazione su dispositivi come smarthone, tablet ?

Per vedere come l'applicazione appena creata si presenta su un dispositivo diverso, cliccate sull'icona del plugin ripple e dopo su enable.

Figura 3.8 – Usare il plugin ripple.

Una volta abilitato il plugin potete scegliere il dispositivo che preferite.

3.4.1 Trovare le cause dei malfunzionamenti

Per fare il debug dell'applicazione usiamo gli Strumenti per sviluppatore di Chrome. Cliccate su *Strumenti -> Strumenti per sviluppatori*:

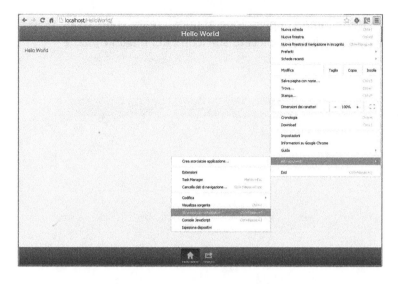

Figura 3.9 – Attivare la console per sviluppatori.

Si attiverà la console che sarà fondamentale per trovare le cause di malfunzionamento all'interno delle vostre applicazioni.

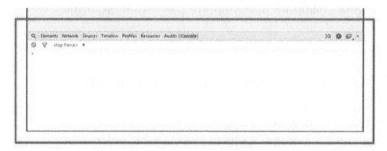

Figura 3.10 – La console per sviluppatori.

3.5 Conclusioni

In questo capitolo abbiamo imparato a generare la struttura delle cartelle, a scrivere la nostra prima applicazione Hello World, a testare la nostra applicazione su dispositivi con diversa risoluzione usando il plugin Ripple, e a fare il debug di una web application per trovare le cause di malfunzionamenti. Se l'applicazione "Hello Word" fosse l'applicazione che volete distribuire sui market, a questo punto potete saltare tutti i capitoli, andare al capitolo 16 per imparare a generare i pacchetti da distribuire sui market.

Forse è ancora un pò presto, questa applicazione non è il massimo per i nostri utenti, è meglio imparare come migliorarla e acquisire gli strumenti per trasformare le nostre idee in applicazioni. I prossimi capitoli saranno più tecnici analizzeremo concetti specifici e per qualche capitolo per concentrarci esclusivamente sul concetto, lavoreremo senza la struttura di cartelle tipica di Sencha Touch, ma con il set minimo necessario di file, proprio per il fatto che l'obiettivo dei prossimi capitoli sarà quello di capire specifiche funzionalità del framework.

Nella seconda parte del libro ritorneremo a lavorare con tutta la struttura di cartelle perché metteremo insieme tutti i concetti imparati per costruire un'applicazione reale, ottimizzarla e distribuirla.

Pronti ?

4. Le basi di Sencha Touch

"Non vediamo le cose per come sono, ma per come siamo."
Anais Nin

In questo capitolo iniziamo la scoperta del mondo Sencha Touch, ma prima di partire a costruire la nostra applicazione reale studieremo i mattoncini necessari a costruire le applicazioni con questo framework. Vedremo come costruire componenti, come fare riferimento a questi componenti e come ascoltare gli eventi generati dai componenti. Successivamente vedremo i componenti "visuali" di un'applicazione Sencha Touch come panels, lists, toolbar, button che estendono la classe
Ext.Component.

Questa classe base fornisce ai componenti che la estendono le proprietà relative al layout come height, width, margin, padding, style, la possibilità
di definire i contenuti html o di configurare template (tpl). Ogni componente di Sencha Touch può essere renderizzato nel DOM.
A partire da questo capitolo fino alla fine della prima parte del libro non lavoreremo per il momento con tutti i file di un progetto Sencha Touch, ma ci focalizzeremo sui singoli concetti mettendoli in pratica usando un solo file. Nella seconda parte del libro metteremo insieme tutti i concetti appresi e torneremo a lavorare con un progetto Sencha Touch completo e strutturato secondo il paradigma MVC, iniziando il percorso che ci porterà alla creazione dell'applicazione finale.
In questo capitolo vedremo:

- Come istanziare un componente base
- Come implementare templates
- Come fare riferimento ai componenti
- Come fare riferimento ai nodi DOM
- Come generare e rimuovere eventi

4.1   Introduzione alle Classi

Prima di iniziare ad esporre i concetti, apro una parentesi per spiegare come testare il codice che verrà presentato. Negli esempi di questo capitolo trovate index_0.html, questo file sarà la base per i nostri esempi.

```
<!DOCTYPE html>
<html xmlns="http://www.w3.org/1999/xhtml">
<head>
    <title></title>
    <script type="text/javascript">
        // Codice degli esempi
    </script>
</head>
<body>
```

```
</body>

</html>
```

Per testare gli esempi ricordate di avviare il vostro web server Apache e di copiare gli esempi nella cartella *documentroot* del web server. Se avete seguito quando esposto nei capitoli precedenti la variabile *documentroot* dovrebbe essere impostata a *C:/xampp/htdocs*.

Bene, ora che sappiamo come testare il codice esposto di seguito possiamo partire con un pò di concetti.

JavaScript è un linguaggio dinamico, questo significa che gli oggetti possono essere creati al volo. Nel linguaggio JavaScript nativo è possibile creare un nuovo oggetto attraverso l'operatore *new.*:

```
var helloworld = new Object();
helloworld.html = "Hello World";
```

Nota: Per vedere il comportamento del codice sopra (il codice completo lo trovate nell'esempio *hello_js.html*), aprite una console di debug nel vostro browser.

4.2 JavaScript e Sencha Touch

JavaScript è un linguaggio che non ha un sistema di gestione delle classi. È possibile programmare in JavaScript per mezzo di oggetti utilizzando le funzioni. Ad esempio è possibile definire una nuova classe chiamata "Component" nel seguente modo:

```
function Component (html)
{
    this.html = html
}

var c = new Component ('Hello World');
c.html="Hello World";
```

64

Lo stesso risultato si può ottenere in Sencha Touch attraverso il seguente codice:

```
var c = Ext.create('Ext.Component', {
html: 'Hello World!'
});
```

Prima di passare alla spiegazione del codice del listato sopra voglio indirizzare la vostra attenzione sul fatto che nel frammento di codice presentato nel listato sopra abbiamo utilizzato elementi del framework Sencha Touch come *Ext.create* e *Ext.Component*, ma per poter utilizzare questi elementi sarà necessario specificare la posizione del framework nel filesystem.

Supponendo che abbiate copiato il framework allo stesso livello delle cartelle degli esempi il codice completo di questo primo progetto Sencha Touch è il seguente:

```
<html xmlns="http://www.w3.org/1999/xhtml">
<head>
<title></title>
    <script src="../touch/sencha-touch-
all.js"></script>
    <link rel="stylesheet"
    href="../touch/resources/css/sencha-
touch.css"/>
    <script type="text/javascript">
        Ext.setup({
        onReady: function () {
        var c = Ext.create('Ext.Component', {
        html: 'Hello World!'
      });
      console.log(c.getHtml());
      }
    });
    </script>
</head>
<body>
</body>
</html>
```

Nel listato sopra è stata creata un'istanza del componente Sencha Touch definito nel framework Sencha Touch ed è stato modificato l'attributo html definito in questa classe. In Sencha Touch si usa il metodo Ext.create() per creare l'istanza di un nuovo oggetto.

Nell'esempio dell'ultimo listato abbiamo istanziato la classe Ext.Component. Questo è possibile perché il framework ha un proprio sistema di classi e un loader di classi. Quando si istanziano componenti, bisognerà dire al Sencha *Ext.Loader* di caricare la classe Sencha corrispondente in memoria. *Ext.Loader* carica correttamente le classi necessarie e le sue dipendenze nel giusto ordine. Quando si crea una nuova classe che necessita di qualche componente è possibile dire a *Ext.Loader* di caricare le classi Sencha richieste inserendole all'interno dell'array requires. Avremo modo nel corso del libro di mettere in pratica questo concetto che presentato così, soprattutto per chi è all'inizio con la programmazione JavaScript potrebbe essere poco chiaro.

Gli sviluppatori del framework Sencha Touch hanno utilizzato il pattern Singleton per garantire che di una determinata classe venga creata una e una sola istanza, e per fornire un punto di accesso globale a tale istanza. In Sencha Touch la classe padre di tutte le altre classi è **Ext**.

L'implementazione di questo pattern prevede che la classe singleton abbia un unico costruttore privato, in modo da impedire di istanziare direttamente le classi. La classe fornisce inoltre un metodo *getter* statico che restituisce un'istanza della classe (sempre la stessa), creandola preventivamente o alla prima chiamata del metodo, e memorizzandone il riferimento in un attributo privato, anch'esso statico. Quando si instanzia una classe in automatico vengono creati i metodi setter e getter degli attributi. Se guardate l'esempio del listato sopra nella riga *console.log(c.getHtml());* sfruttiamo il metodo getter per recuperare il contenuto dell'attributo html. Altro particolare da notare, è il fatto che il primo carattere dell'attributo è in maiuscolo (*c.getHtml*). Avviate l'esempio e verificate nella console di debug del browser cosa viene stampato.

Un altro approccio per renderizzare i componenti nel DOM è basato sul principio della lazy initialization (letteralmente "inizializzazione pigra") in quanto la creazione dell'istanza della classe viene rimandata nel tempo e messa in atto solo quando diventa strettamente necessario (al primo tentativo di uso).

```
<html xmlns="http://www.w3.org/1999/xhtml">
<head>
...
    var c = {
    xtype: 'component',
    html : 'Hello World'
}
...
```

Nel listato sopra abbiamo instanziato la classe solo nel momento in cui ci serviva e abbiamo introdotto il concetto di *xtype*. Attraverso xtype è possibile creare un'istanza ad un componente. Ogni componente Sencha Touch ha il proprio xtype, che potete trovare nella documentazione delle API Sencha Touch.

Con questo approccio non avendo istanziato la classe con Ext.create se provate ad accedere agli attributi come per l'esempio precedente sfruttando la *getHtml()*, avrete un errore, in quanto questa volta non sono stati creati i metodi getter e setter. Per poter accedere agli attributi usate l'operatore "." (punto). Per stampare nella console di debug il contenuto dell'attributo html l'istruzione sarà la seguente: *console.log(c.html);* Un'altro concetto visto nel codice presentato in precedenza, ma non ancora spiegato è la funzione onReady. *onReady* è una funzione che viene chiamata dopo che il DOM è pronto (ready).

4.2.1 Definire una nuova classe

Quando si definisce una nuova classe questa dovrebbe avere almeno la sezione di config, nella quale si definiscono le proprietà della classe e il costruttore nel quale si impostano queste proprietà.

```
Ext.define('Partecipante', {
    config: {
        id: null,
        name: null,
        email: null,
        phone: null,
        confirmed: false
},
    constructor: function(config) {
        this.initConfig(config);
    }
})
```

Quando si definisce una classe vengono automaticamente creati i metodi di *Get* e *Set* per le proprietà all'interno del blocco config.

4.2.2 Istanziare una nuova classe

Con *Ext.create* è possibile creare una nuova istanza ad un componente.

```
var nuovoPartecipante =
Ext.create('Partecipante', {
    id: 100,
    name: 'Cosimo Palma',
    email: 'cosimopalma@appacademy.it',
    phone: '',
    confirmed: false
});
```

4.2.3 Accedere agli attributi di una classe

Sfruttando le funzioni set e get, ricordo ancora, create automaticamente possiamo accedere agli attributi, per modificarli (set) e per leggerli (get).

```
var rec = nuovoPartecipante.setConfirmed(true);
console.log('Stato Partecipante: ' +
rec.getConfirmed());
```

4.2.4   Estendere una classe

È possibile estendere una classe già esistente nel seguente
modo:

```
Ext.setup({
onReady: function () {
// Definizione di una classe
Ext.define('Partecipante', {
    config: {
        id: null,
        name: null,
        email: null,
        phone: null,
        confirmed: false
    },
constructor: function(config) {
    this.initConfig(config);
}
});
Ext.define('Speaker', {
    extend:'Partecipante',
    updateName: function(newName,oldName){
    if(newName.length==0) {
        alert('problem');
    }
}
});
// istanziare la classe Speaker
var speakerRec =
    Ext.create('Speaker', {
        id:200,
    name:'Igor Rossi'
    });
// Accesso attributi
console.log('Nome Speaker: '+
speakerRec.getName());
}
});
```

Nell'esempio sopra abbiamo definito la classe *Partecipante (Ext.define('Partecipante', ..)*, poi abbiamo definito la classe *Speaker (Ext.define('Speaker', ..)* e successivamente abbiamo istanziato la classe Speaker. Alla fine per verificare che tutto funzionasse a dovere abbiamo visualizzato nella console del browser l'attributo *name* della classe appena istanziata. Non mi sono dimenticato di updateName lo vedremo nel seguito di questo capitolo.

4.3 Fare riferimento ai nodi del DOM

Nel paragrafo precedente abbiamo visto come fare riferimento a componenti Sencha Touch, ma quando si lavora con JavaScript ed HTML, spesso nasce la necessità di selezionare nodi DOM. È possibile recuperare un elemento DOM in tre modi. Per esaminare ciascun modo utilizzermo il codice html riportato sotto.

```
<h2 id="title">Attrazioni Torino</h2>
<div id="description">
<p>Piazza Castello</p>
<p>Mole Antonelliana</p>
</div>
```

Di seguito le tecniche per recuperare gli elementi del DOM.

4.3.1 Ext.get()

Attraverso *Ext.get(el)* è possibile recuperare *Ext.dom.Element* che è un wrapper che incapsula gli elementi del DOM, e permette una manipolazione semplice di questi elementi. *Ext.dom.Element* documentazione. È possibile recuperare l'elemento del DOM a partire dall' id dell'elemento:

```
...
Ext.onReady(function() {
```

```
var title = Ext.get('title');
console.log(title);
});
</script>
</head>
<body>
<h2 id="title">Attrazioni Torino</h2>
<div id="description">
<p>Piazza Castello</p>
<p>Mole Antonelliana</p>
</div>
...
```

Nella console log del browser dovrestere vedere come risultato il seguente oggetto:

```
Ext.a...y.c...e.Class {dom: h2#title, id: "title"}
```

4.3.2 Ext.select()

L'id degli elementi del DOM è unico, quindi se volessimo recuperare contemporaneamente più elementi ? Per questo scopo possiamo utilizzare *Ext.select()*.

Ext.select() documentazione Per recuperare l'elemento o gli elementi dal DOM è possibile passare un selettore e verrà ritornato un oggetto *Ext.dom.CompositeElementLite*. Vediamo subito con un esempio pratico il funzionamento:

```
...
Ext.onReady(function() {
var par = Ext.select("p");
console.log(par)
});
</script>
</head>
<body>
<h2 id="title">Attrazioni Torino</h2>
<div id="description">
<p>Piazza Castello</p>
<p>Mole Antonelliana</p>
</div>
...
```

Nella console log del browser dovreste vedere come risultato un oggetto come quello della figura seguente contenente un array di due elementi, che sono proprio i nostri due paragrafi.

Figura 4.1 – Log nella console per sviluppatori.

Per recupera il primo elemento:

```
var primoPar = Ext.select("p").elements[0];
```

4.3.3 Ext.getDom()

L'ultima opportunità è *Ext.getDom(el)*.

```
...
Ext.onReady(function() {
var title = Ext.getDom('title');
console.log(title);
});
</script>
</head>
```

```
<body>
<h2 id="title">Attrazioni Torino</h2>
<div id="description">
<p>Piazza Castello</p>
<p>Mole Antonelliana</p>
</div>
...
```

Il risultato è:

```
<h2 id="title">Attrazioni Torino</h2>
```

4.4 Gestire gli eventi

La gestione degli eventi in Sencha Touch è fatta attraverso il mixin *Ext.util.Observable*. Il mixin è una tecnica per supportare un'ereditarietà multipla. Se all'interno di una nostra classe usiamo il mixin *Ext.util.Observable*, allora la nostra classe sarà in grado di gestire gli eventi. Tutti i componenti che in Sencha Touch sono utilizzati per costruire l'interfaccia dell'applicazione possono rispondere agli eventi. Questa abilità è dovuta al fatto che tali componenti sono tutti derivati dalla classe base *Ext.Component* che a sua volta include Ext.util.Observable. Esistono tre tipi di eventi:

Eventi di sistema

Sono gli eventi invocati dal framework. Ad esempio se i dati sono caricati, il framework attiva l'evento load.

Eventi del lifecycle

Sono gli eventi invocati dal lifecycle framework. Ad esempio quando un componente viene mostrato, il framework attiva l'evento show.

Eventi dell'utente

Sono gli eventi invocati dall'utente. Ad esempio il tap event.

4.4.1   Attivare e Ascoltare Eventi

In Sencha Touch quando si vuole ascoltare se un evento si verifica su un componente, si definisce un event listener che ascolta quel determinato evento. Supponiamo di voler ascoltare l'evento tap:

```
listeners : {
     tap: 'myEventHandler'
}
```

Per gestire l'evento bisognerà scrivere una funzione di callback che viene chiamata quando si verifica l'evento tap su quel componente.

```
Ext.define('ImpostazioniBtn', {
extend: 'Ext.Button',
xtype: 'impostazionibtn',
config: {
     text: 'Impostazioni',
     listeners: {
          tap: 'impostazioniEventHandler'
          },
     },
impostazioniEventHandler: function(b){
     console.log('Hai fatto tap sul
     button ' + b.getText());
     }
})
```

Nell'esempio sopra è stato definito un componente button, gli è stato associato un listener che ascolta l'evento tap sul button. Quando l'utente esegue un tap su quel bottone viene richiamata la funzione di callback impostazioniEventHandler. Rendiamo più interessante l'esempio istanziando la classe creata e visualizzandola nella finestra. In questo modo potremmo testare i nuovi concetti.

```
onReady: function () {
Ext.define('ImpostazioniBtn', {
extend: 'Ext.Button',
```

```
xtype: 'impostazionibtn',
config: {
     text: 'Impostazioni',
     listeners: {
          tap: 'impostazioniEventHandler'
     },
},
impostazioniEventHandler: function(b){
     console.log('Hai fatto tap sul
     button ' + b.getText());
     }
});
var component = Ext.create("
     ImpostazioniBtn", {});
     Ext.Viewport.add(component);
}
```

Nella finestra della console dovreste ottenere il log del fatto che avete eseguito un tap sul bottone. Si possono agginugere eventi anche nel seguente modo:

```
onReady: function () {
var impostazioniEventHandler = function(b){
     console.log('Hai fatto tap sul
     button ' + b.getText());
};
var component = Ext.create('Ext.Button', {
     text: 'Impostazioni'
});
component.addListener('tap',
     impostazioniEventHandler);
Ext.Viewport.add(component);
}
```

oppure usando una forma contratta di *addListener()*:

```
onReady: function () {
var impostazioniEventHandler = function(b){
     console.log('Hai fatto tap sul
     button ' + b.getText());
};
var component = Ext.create('Ext.Button', {
     text: 'Impostazioni'
});
```

```
component.on('tap',
     impostazioniEventHandler);
Ext.Viewport.add(component);
}
```

Nel corso del libro avremo modo di fare molta pratica sugli eventi.

4.4.2 Rimuovere Eventi

È possibile rimuovere gli eventi quando non servono più. La sintassi è la seguente:

element.removeEventListener('tap',myEventHandler,false)

```
...
onReady: function () {
var impostazioniEventHandler = function(b){
    console.log('Hai fatto tap sul button ' +
      b.getText());
    this.removeListener('tap',
      impostazioniEventHandler);
    console.log('Ora il button non risponderà
più');
};
var component = Ext.create('Ext.Button', {
        text: 'Impostazioni'
});
component.on('tap', impostazioniEventHandler);
Ext.Viewport.add(component);
}
...
```

Nel frammento di esempio presentato sopra, (ricordo che gli esempi completi dei dettagli sono disponibili nel codice scaricato) l'evento viene rimosso dopo che è stato gestito la prima volta. Provate a fare dei test aggiungendo e togliendo la riga *this.removeListener('tap', impostazioniEventHandler);*

4.4.3 Attivare eventi Custom

La situazione in cui questa tipologia di eventi può tornare utile può essere la seguente. Se avete strutturato il codice in modo da avere tutti gli *event handler* (funzioni per la gestione degli eventi) in un file javascript separato, perchè volete separare l'interfaccia dai controlli, può succedere che vogliate modificare gli elementi dell'interfaccia, questo modificherebbe anche gli eventi. Se usate degli eventi custom sarete protetti in queste situazioni. Sencha Touch ha il metodo *fireEvent()*. Attraverso questo metodo è possibile attivare eventi con dei nomi personalizzati.

```
...
listeners : {
    tap: function(e){
        this.up('attrazioniview').
            fireEvent('openattrazione', e);
    }
} ...
```

L'evento potrà essere gestito all'esterno nel seguento modo:

```
Ext.define('AttrazioniController', {
    extend: 'Ext.app.Controller',
    config: {
        control: {
            'attrazioniview': {
                openattrazione:
'onOpenAttrazione'
            }
        }
    },
    onOpenAttrazione: function() {
    console.log("Apri attrazione");
    }
});
```

Avremo modo nel seguito di diventare molto pratici con gli eventi.

4.5 Conclusioni

In questo capitolo abbiamo visto la struttura delle classi Sencha Touch, come è stato applicato il pattern singleton, come definire una classe in Sencha, come istanziarla, come estenderla. Abbiamo fatto pratica con i concetti descritti riscrivendo un'applicazione codificata in Javascript puro in un'applicazione Sencha Touch. Abbiamo imparato a lavorare con gli eventi. Siamo pronti per la sfida successiva.

5. I Componenti di Sencha Touch

"Ciò che dobbiamo imparare a fare, lo impariamo facendolo"

Aristotele

I componenti sono il nucleo del framework Sencha Touch. Attraverso i componenti è possibile realizzare quello che vediamo di una applicazione Sencha Touch.

Per componenti, intendo i Button, TextBox, Slider, Carousel, Panel, Viewport e tanti altri che trovate ben documentati alla pagina: Documentazione Components (http://docs.sencha.com/touch/2.4/2.4.2-apidocs/#!/api)

I componenti hanno diverse proprietà comuni tra loro, come la possibilità di visualizzarsi (*show*), nascondersi (*hide*), abilitarsi (*enable*), disabilitarsi (*disable*), presentarsi all'interno della pagina attraverso un template e diverse altre che scopriremo nel corso di questo capitolo.

5.1 Components

La maggior parte delle classi Sencha Touch (visual) visualizzabili su un'interfaccia sono dei Components. Ogni component in Sencha Touch è una sottoclasse di *Ext.Component*. Di seguito una lista di proprietà comuni ai componenti.

- Un componente è un oggetto JavaScript.

- Tutte le classi Visuali (Button, Panels,..) sono classi figlie di Component.

- I Components fanno il render di se stessi attraverso i templates.

- I components centrano se stessi.

- Si possono abilitare e disabilitare.

- Possono presentarsi nella forma ti popup sopra altri componenti.

- Possono essere dockable su altri componenti (possono essere ancorati rispetto ad altri componenti).

- Hanno la capacità di allineamento e scrolling.

I componenti disponibili in Sencha Touch possono essere raggruppati in quattro gruppi principali.

Navigation components
Ext.Toolbar
Ext.Button
Ext.TitleBar
Ext.SegmentedButton
Ext.Title
Ext.Spacer

Store-bound components

Sono i componenti che si interfacciano direttamente con gli store.

Ext.dataview.DataView
Ext.Carousel
Ext.List
Ext.NestedList

Form components
Ext.form.Panel
Ext.form.FieldSet
Ext.field.Checkbox
Ext.field.Hidden
Ext.field.Slider
Ext.field.Text
Ext.picker.Picker
Ext.picker.Date

General components
Ext.Panel
Ext.tab.Panel
Ext.Viewport
Ext.Img
Ext.Map
Ext.Audio
Ext.Video
Ext.Sheet
Ext.ActionSheet
Ext.MessageBox

In questo capitolo e nel corso di questo libro vedremo diversi di questi componenti attraverso esempi pratici. Bene, è arrivato il momento di iniziare a costruire le interfacce delle nostre applicazioni.

5.2 Panels e Templates

La classe *Ext.Panel* è una sottoclasse di *Ext.Container*, e a questa classe aggiunge diverse funzionalità. L'obiettivo di questo paragrafo è quello di creare un panel per visualizzare informazioni e in aggiunta si vuole che le informazioni siano presentate attraverso un template. I template (*Ext.XTemplate*) ci permettono di presentare all'utente le informazioni opportunamente formattate. Impareremo ad utilizzarli progressivamente attraverso la pratica.

```
...
Ext.setup({
    onReady: function() {
        var sessionTemplate =
        Ext.create("Ext.XTemplate",'{nome} -
{tipo}',
                {}));
            var panel = Ext.create("Ext.Panel",
{
                tpl: sessionTemplate,
                data: {
                nome: "Planetario di Torino",
                tipo: "Planetario"
                }
        }));
    Ext.Viewport.add(panel);
    }
});
...
```

Nel frammento di codice sopra, viene instanziato il componente *Ext.Panel*, si definiscono le variabili *nome* e *tipo*, e si gestisce la presentazione per mezzo del template *sessionTemplate*, che è un'istanza a *Ext.Template* alla quale vengono passate le variabili nome e tipo. Mi soffermo sull'ultima istruzione, *Ext.Viewport*. Si tratta di un'istanza creata quando si usa *Ext.setup*. *Ext.Viewport* è un container di default impostato fullscreen nel quale possiamo posizionare altri componenti. Nell'esempio precedente, nella finestra principale è stato inserito l'oggetto panel. Nel vostro browser dovreste vedere un risultato come quello in figura:

Figura 5.1 – Panel e presentazione dei dati.

5.3 Button

Ora che abbiamo creato il nostro panel, vogliamo inserire un *toggle button* che deve creare la seguente funzionalità: se il panel è visibile allora lo nasconde, se non è visibile lo mostra. Passiamo subito al codice è poi analizziamo i dettagli.

```
...
Ext.setup({
    onReady: function() {
        var sessionTemplate =
                Ext.create("Ext.XTemplate",
            '<div>{nome} - {tipo}</div>',{});
        var panel = Ext.create("Ext.Panel",{
            tpl: sessionTemplate,
            data: {
            nome: "Planetario di Torino",
            tipo: "Planetario"
            }
        });
    var buttonToggle =
        Ext.create('Ext.Button', {
        text: 'Toggle Hidden'
});
buttonToggle.on({tap: function() {
    if (panel.isHidden()) {
        panel.show();
        } else {
        panel.hide();
    }
```

```
}
});
Ext.Viewport.add({
xtype: 'panel',
items: [buttonToggle, panel],
padding: 15
});
} });
...
```

In questo esempio notiamo diversi concetti già visti nel capitolo precedente come l'*ascolto degli eventi* e l'*istanziazione di componenti*. Nel codice sopra sono stati creati due oggetti, un oggetto panel e un oggetto buttonToggle. Sull'oggetto buttonToggle è stato inserito un *listener* che ascolta l'evento *tap*. Quando si verifica l'evento tap, si và a verificare il valore dell'attributo *panel.isHidden* e si compie un'azione. Se l'attributo è *true*, significa che il panel è nascosto, allora viene mostrato, se *panel.isHidden* è *false* invece viene nascosto. Fermatevi un momento ad analizzare il codice allegato.

Come nell'esempio precedente i componenti vengono aggiunti a *Ext.Viewport*, i componenti vengono aggiunti come figli *items: [buttonToggle,panel]*.
Gli oggetti vengono aggiunti sul layout verticale nell'ordine definito nell'array. Più avanti vedremo come posizionare gli oggetti sullo schermo usando un layout.
Se avviate l'applicazione il risultato dovrebbe essere il seguente:

Figura 5.2 – Visualizzare dinamicamente componenti alla pressione di un button.

5.4 Ext.MessageBox e pop up

In questo esempio vedremo come visualizzare un messaggio all'interno di un pop up. Si vuole che il pop up venga visualizzato al tap su un altro button.

```
Ext.setup({
    onReady: function() {

        var sessionTemplate =
                Ext.create("Ext.XTemplate",
            '<div>{nome} - {tipo}', {});

        var panel = Ext.create("Ext.Panel", {
            tpl: sessionTemplate,
            data: {
                nome: "Planetario di Torino",
                tipo: "Planetario"
            }
        });

        var buttonToggle =
Ext.create('Ext.Button', {
            text: 'Toggle Hidden'
        });

        buttonToggle.on({
            tap: function() {
                if (panel.isHidden()) {
                    panel.show();
                } else {
                    panel.hide();
                }
            }
        });

        var buttonShowMessage =
                Ext.create('Ext.Button', {
            text: 'Mostra Pop Up'
        });

        buttonShowMessage.on({
            tap: function() {
```

```
            Ext.Msg.alert("Message
Importante",          "Hai cliccato per vedere
il messaggio!");
            }
        });

        Ext.Viewport.add({
            xtype: 'container',
            items: [buttonToggle,
buttonShowMessage,
        panel],
            padding: 15
        });


    }
    });
```

In questo esempio è stato creato un nuovo bottone (*buttonShowMessage*), gli è stato associato l'ascolto dell'evento tap. E sull'evento tap è stato fatto aprire un *Ext.Msg.alert*.

Dal punto di vista della presentazione abbiamo aggiunto il bottone all'interno degli items del contenitore subito dopo il primo bottone. Il risultato è quello che potete vedere nell'immagine seguente:

Figura 5.3 – Presentazione delle informazioni all'interno di un popup.

5.5 Ext.MessageBox e pop up

Il ciclo di vita dei componenti segue questa sequenza: *Initialize -> Render -> Destroy*. Possiamo verificarla con la semplice applicazione sotto. Per analizzare il ciclo di vita di un *component* potete usare il codice riportato di seguito. Nell'esempio viene istanziato un component e vengono collegati tre *listener*. I tre listener sono all'ascolto rispettivamente degli eventi *initialize, show e destroy*. Per capire a fondo il lifecycle dei components, aprite la console di Chrome (o del browser che state usando) e analizzate il comportamento del component sfruttando l'istruzione *debugger*.

```
...
Ext.setup({
    onReady: function() {
        var component =
Ext.create("Ext.Component", {
            html: 'Simple component',
            listeners: {
                initialize: function() {
                console.log('initialize');
                },
                show: function() {
                console.log('show');
                },
                destroy: function() {
                console.log('destroy');
                }
            }
        }
    });
    debugger
    Ext.Viewport.add(component);
    debugger
    Ext.Viewport.remove(component);
    }
});
...
```

L'istruzione *debugger* interrompe l'esecuzione del programma e aspetta che voi forniate il comando di andare avanti di un passo. Come risultato dovreste ottenere la seguente sequenza: *initialize, show, destroy*. Quindi un componente prima di essere mostrato (*show*), viene inizializzato.

5.6 Conclusioni

In questo capitolo abbiamo iniziato a fare pratica con i primi componenti, costruendo le prime interfacce e gestendo l'interazione con l'utente e abbiamo imparato a cercare le informazioni per entrare nel dettaglio delle classi dei components. La trattazione dei components non finisce qui, ma proseguirà nel resto del libro. Questo capitolo era necessario per permettervi di affrontare meglio i prossimi.

Nel prossimo capitolo impareremo a disporre gli oggetti da presentare all'utente sfruttando i layout.

6. Gestione dei Layout

"Gli sciocchi aspettano il giorno fortunato, ma ogni giorno è fortunato per chi sa darsi da fare."
Buddha

Attraverso i *Layout* è possibile posizionare i components sulle interfacce delle nostre app. Il framework Sencha Touch mette a disposizione diversi layout, tra i quali è possibile scegliere quello che meglio si adatta alle esigenze richieste dall'applicazione che si stà sviluppando. Ci sono due tipi di layout. Il layout che presenta un singolo item alla volta sullo schermo e il layout che presenta molti items sullo schermo.

Figura 6.1 – Diverse opzioni di layout.

- Full-Screen (fit) Layout
- Horizontal Layout (hbox)
- Vertical Layout (vbox)
- Card Layout (card)
- Tab Layout
- Carousel Layout
- Docking dei Componenti
- Combo

6.1 Full-Screen (fit) Layout

Gestisce un singolo item sullo schermo. Si usa quando si vuole posizionare un componente full screen sullo schermo. Il layout di tipo *fit* fa in modo che l'item inserito come figlio riempia tutto lo schermo.

```
Ext.setup({
    onReady: function() {

var red = {
    html: 'Rosso',
    style: 'background-color: red;color:
black',
    title: 'Rosso'
};


var panel = Ext.create("Ext.Container", {
    layout: 'fit',
    fullscreen: true,
    items: [red]
});


Ext.Viewport.add(panel);
}
});
```

Risultato:

Figura 6.2 – Layout fit.

6.2 Horizontal Layout (hbox)

Si usa quando si vogliono posizionare diversi componenti sullo schermo in modo orizzontale. Nel layout di tipo *hbox* i componenti specificati negli items verranno posizionati uno dopo l'altro.

```
Ext.setup({
    onReady: function() {

        var red = {
            html: 'Rosso',
            style: 'background-color:
red;color:                      black',
            title: 'Rosso',
            flex: 1
        };

        var green = {
            html: 'Verde',
            style: 'background-color:
Green;color:                        black',
            title: 'Verde',
            flex: 4
        };

        var yellow = {
            html: 'Giallo',
            style: 'background-color:
yellow;color:                       black',
            title: 'Giallo',
            flex: 1
        };


        var panel = Ext.create("Ext.Container",
{
            fullscreen: true,
            layout: 'hbox',
            items: [red, green, yellow]
        });


        Ext.Viewport.add(panel);
```

```
        }
});
```

Risultato:

Figura 6.3 – Horizontal Layout (hbox).

6.3 Vertical Layout (vbox)

Si usa quando si vogliono posizionare diversi componenti sullo schermo in modo verticale. Nel layout di tipo *vbox* i componenti specificati negli items verranno posizionati uno sotto l'altro.

```
Ext.setup({
    onReady: function() {

        var red = {
            html: 'Rosso',
            style: 'background-color: red;color:
black',
            title: 'Rosso',
            flex: 1
        };

        var green = {
```

```
                html: 'Verde',
                style: 'background-color:
Green;color:
     black',

                title: 'Verde',
                flex: 4
        };

        var yellow = {
            html: 'Giallo',
            style: 'background-color:
                         yellow;color:
black',

            title: 'Giallo',
            flex: 1
        };


        var panel =
Ext.create("Ext.Container", {
                fullscreen: true,
                layout: 'vbox',
                items: [red, green,
yellow]
        });


    Ext.Viewport.add(panel);
    }
 });
```

Risultato:

Figura 6.4 – Vertical Layout (vbox).

Nella cartella degli esempi di questo capitolo trovate il file *Layout-PackAlign.html* dove trovate diversi modo per posizionare e allineare gli oggetti. Avviatelo e modificate le proprietà *pack* e *align*, variando i valori *left, right, end*.

6.4 Card Layout (card)

Permette di gestire items multipli inseriti all'interno del container.

Un *card* layout permette di inserire diversi componenti in uno spazio e di mostrarne uno alla volta, proprio come un mazzo di carte.

```
Ext.setup({
    onReady: function () {

        var red = {
            html: 'Rosso',
            style: 'background-
color:
    red;color: black',
```

```
                title: 'Rosso'
        };

        var green = {
            html: 'Verde',
            style: 'background-
color:
    Green;color: black',
                title: 'Verde'
        };

        var yellow = {
            html: 'Giallo',
            style: 'background-
color:
    yellow;color: black',
                title: 'Giallo'
        };


        var toolbar =

Ext.create("Ext.Toolbar", {
                docked: 'top',
                items: [{
                    xtype: 'button',
                    text: 'giallo',
                handler: function
    (theButton) {
            var thePanel =
theButton.up().up();
thePanel.setActiveItem(2);

                }
                }]
        });

        var panel =
Ext.create("Ext.Container", {
                fullscreen: true,
                layout: {
                    type: 'card',
                    animation: {
                    type: 'slide', // 'fade'
                    duration: 3000
                    }
                },
```

```
            items: [red, green, yellow,
toolbar]
            });

                Ext.Viewport.add(panel);
            }
        })
```

Risultato:

Figura 6.5 – Card Layout (card).

Provate a modificare il *"type"* di animazione, da *slide* a *fade*, per vedere le differenze.

6.5 Tab layout

Permette di gestire items multipli inseriti all'interno del container. Un card layout permette di inserire diversi componenti in uno spazio e di mostrarne uno alla volta, proprio come un mazzo di carte.

```
        Ext.setup({
            onReady: function () {

                var red = {
                    html: 'Rosso',
```

```
                    style: 'background-
color:
    red;color: black',
                    title: 'Rosso'
            };

            var green = {
                html: 'Verde',
                style: 'background-
color:
    Green;color: black',
                    title: 'Verde'
            };

            var yellow = {
                html: 'Giallo',
                style: 'background-
color:
    yellow;color: black',
                    title: 'Giallo'
            };


            var panel =

    Ext.create("Ext.TabPanel", {
                fullscreen: true,
                layout: {
                    type: 'card',
                    animation: {
                        type: 'slide',
// fade'
                        duration: 3000
                    }
                },
                items: [red, green,
yellow]
            });


            Ext.Viewport.add(panel);
        }
    })
```

Risultato:

Figura 6.6 – Tab Layout.

6.6 Carousel Layout

Anche questo come i due precedenti è una tipologia di card layout. Permette di gestire items multipli inseriti all'interno del container. Questa volta avremo un layout con una gestione delle carte di tipo *carousel*.

```
Ext.setup({
    onReady: function () {

        var red = {
            html: 'Rosso',
            style: 'background-
color:
    red;color: black',
            title: 'Rosso'
        };

        var green = {
            html: 'Verde',
            style: 'background-
color:
    Green;color: black',
            title: 'Verde'
        };

        var yellow = {
```

```
                    html: 'Giallo',
                    style: 'background-
color:
        yellow;color: black',
                    title: 'Giallo'
                };


            var panel =

    Ext.create("Ext.Carousel", {
                    fullscreen: true,
                    layout: {
                        type: 'card',
                        animation: {
                            type: 'slide',
//'fade'
                        }
                    },
                    items: [red, green,
yellow]
                });


            Ext.Viewport.add(panel);
        }
    })
```

Risultato:

Giallo

Figura 6.7 – Carousel Layout.

6.7 Docking dei Componenti

Invece di usare il sistema dei layout è possibile specificare la proprietà *docked* di un componente, per fare in modo che venga ancorato ad un lato. La proprietà docked funziona in combinazione con qualsiasi tipo di layout. E' possibile specificare dove ancorare il componente al container specificando una delle seguenti proprietà *left, top, right, o bottom*. Spesso questa proprietà è usata nelle toolbar per fissarle in alto o in basso nello schermo.

```
Ext.setup({
    onReady: function () {

        var red = {
            html: 'Rosso',
            style: 'background-
color:
    red;color: black',
            title: 'Rosso'
        };
```

```
                    var toolbar =

    Ext.create("Ext.Toolbar", {
                    docked: 'top',
                    items: [{
                        xtype: 'button',
                        text: 'Tap',
                    }]
            });

                    var panel =

    Ext.create("Ext.Container", {
                    fullscreen: true,
                    layout: {
                        type: 'vbox',
                    },
                    items: [red, toolbar]
            });


            Ext.Viewport.add(panel);
        }
    })
```

Risultato:

Figura 6.8 – Docking dei Componenti.

La toolbar è ancorata in alto, provate a modificare la proprietà *docked* da *top* al valore *bottom*.

6.8 Combo Layout

E se volessimo realizzare un layout come quello rappresentato sotto ?

Figura 6.9 – Combo Layout.

Il concetto è che si può costruire un nuovo item mettendo insieme i colori giallo e verde e poi passare questo nuovo item come paramentro dell'array. Penso che il codice sotto dovrebbe essere molto più esplicativo delle parole:

```
Ext.setup({
    onReady: function () {
        var red = {
            html: 'Rosso',
            style: 'background-color:
                    red;color: black',
            flex: 1,
            title: 'Rosso'
        };
        var green = {
            html: 'Verde',
```

```
                    style: 'background-color:
Green;color:                        black',
                    flex: 1,
                    title: 'Verde'

                };

                var yellow = {
                    html: 'Giallo',
                    style: 'background-color:
                              yellow;color:
black',
                    flex: 1,
                    title: 'Giallo'
                };

                var yellowAndgreen = {
                    xtype: 'container',
                    layout: 'hbox',
                    flex: 1,
                    items: [yellow, green]
                };

                var panel =
Ext.create("Ext.Container", {
                    fullscreen: true,
                    layout: 'vbox',
                    items: [yellowAndgreen, red]
                });

                Ext.Viewport.add(panel);
            }
        });
```

6.9 Conclusioni

Abbiamo visto le varie tipologie di layout messe a disposizione da Sencha Touch. Ci saranno molto utili per la creazione delle nostre interfacce.

Nel prossimo capitolo vedremo come navigare tra le schermate.

7. Navigare tra le schermate

"La felicità è quando ciò che pensi, ciò che dici e ciò che fai sono in armonia"
Mahatma Gandhi

In questo capitolo continueremo a fare pratica con i componenti, in particolore ci facalizzeremo su due componenti utili per realizzare l'architettura di navigazione delle nostre applicazioni. Vedremo la navigazione tramite "Tab" utilizzando il componente *Ext.tab.Panel* e la navigazione del tipo "vista-dettaglio" utilizzando il componente *Ext.navigation.View*

- Ext.tab.Panel
- Ext.navigation.View

7.1 TabPanel

La classe *Ext.tab.Panel* è una sottoclasse di *Ext.Container*, ed a questa classe aggiunge diverse funzionalità. L'obiettivo di questo paragrafo è quello di creare un'applicazione nella quale è possibile navigare tra due tab. Una prima tab "Mappa" e una seconda "Lista".
Passiamo subito al codice:

```
...
Ext.setup({
    onReady: function() {
    var tabPanel = Ext.create('Ext.TabPanel', {
        fullscreen: true,
        tabBarPosition: 'bottom',
        defaults: {
        styleHtmlContent: true
    },
    items: [
    {
        title: 'Mappa',
        iconCls: 'maps',
        html: 'Mappa'
    },
    {
        title: 'Lista',
        iconCls: 'list',
        html: 'Lista'
    }
    ]
    });
    Ext.Viewport.add(tabPanel);
} });
...
```

Nel frammento di codice sopra, viene instanziato il componente *Ext.tab.Panel* attraverso il suo alias *Ext.TabPanel*, si impostano alcune proprietà di questo componente come la posizione, sfruttando la proprietà *tabBarPosition*, che deve essere ancorata in basso, tabBarPosition: 'bottom'. Si definiscono due figli del *tabPanel*.

Per il momento sono due semplici card che contengono solo un testo html, e per ciascuna viene definita un icona, che sarà presentata nella tabBar in basso. Cliccando sulle rispettive icone sarà passibile navigare tra le due card. Nel vostro browser dovreste vedere un risultato come quello in figura 7.1:

Figura 7.1 – Navigazione con i tabpanel.

Potete trovare le immagini di default per per le icone all'interno della cartella del framework e precisamente in *touch\resources\themes\images\default\pictos* se avete chiamato la cartella del framework touch.

7.2 Navigation View

La classe *NavigationView* è una classe derivata da *Ext.Container* con un layout di tipo card, quindi è visibile solo una card alla volta.

La classe NavigationView offre inoltre un meccanismo di *push* o *pop* delle card nello stack del componente attraverso il quale il componente tiene traccia della navigazione. In questo paragrafo vedremo un'architettura di navigazione molto semplice realizzata con due card, la card principale che viene mostrata all'avvio e la card di dettaglio che viene visualizzata in seguito all'operazione di push. Questa architettura di navigazione è molto usata nelle applicazioni, a differenza del layout card permette di caricare dinamicamente le card. Non c'è bisogno di sapere all'inizio quante schermate o card ci saranno, ma basterà fare il push della schermata da visualizzare nella Navigation View quando è necessario. L'obiettivo è realizzare l'applicazione che vedete in figura sotto:

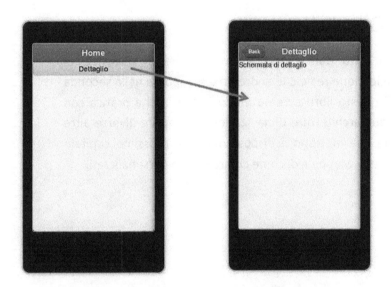

Figura 7.2 – Navigazione con NavigationView.

```
...
Ext.setup({
    onReady: function() {
    var view =
        Ext.create('Ext.NavigationView', {
            fullscreen: true,
            items: [{
            title: 'Home',
            items: [{
```

```
                    xtype: 'button',
                    text: 'Dettaglio',
                    handler: function() {
                    view.push({
                    title: 'Dettaglio',
                    html:
                    'Schermata di dettaglio'
                    });
                    }
                }]
            }]
        });
    } });
    ...
```

7.3 Conclusioni

Abbiamo visto due importanti architetture di navigazione. Nell'applicazione reale che andremo a sviluppare nella seconda parte di questo libro avremo modo di fare molta pratica con queste due architetture di navigazione e scoprire diverse altre proprietà che mettono a disposizione. Nel prossimo capitolo parleremo di Mappe e di come creare popup personalizzati.

8. Store

"Gli ostacoli sono quelle cose spaventose che vedi quando perdi di vista la meta."
Henry Ford

Uno Store è un meccanismo per gestire il salvataggio dei dati ed è implementato attraverso la classe *Ext.data.Store*. Attraverso uno store è possibile salvare e recuperare dati. Inoltre questa classe fornisce funzioni per fare *sorting, filtering e grouping* dei dati. In questo capitolo vedremo:

- Come salvare dati in uno store
- Come iterare tra gli elementi di uno store
- Come ordinare gli elementi di uno store
- Come filtrare gli elementi di uno store
- Come presentare i dati con una dataview
- Come personalizzare lo stile degli elementi di una dataview

8.1 Salvare dati in uno store

Creiamo uno store *Ext.data.Store*. Uno store è una collezione di record. L'obiettivo di questo paragrafo è realizzare un'applicazione dove andremo a definire uno store, salvare dei dati nello store e successivamente contare quanti dati sono presenti. Questa volta il feedback lo avremo all'interno della console di debug di Chrome come rappresentato nella figura successiva:

Figura 8.1 – Feedback nella console di debug.

```
...
Ext.setup({
onReady: function() {
var store = Ext.create("Ext.data.Store", {
    storeId:  "attrazioniStore",
    data: [
    {
        name: 'Museo del cinema di Torino',
        type: 'Museo',
        id: 1,
        latitude: '45.0693174',
        latitude: '7.69304484',
        address: 'Via Montebello, 20
                - 10124 Torino',
        phone: '+390118138511'
    },
    {

        name: 'Basilica di Superga',
        type: 'Costruzione storica',
        id: 2,
        latitude: '45.070982',
        longitude: '7.685676',
        address: 'Strada Basilica di Superga,
                73, 10132 Torino',
        phone: '+390118997456'
    },
    {

        name: 'Mole Antonelliana',
        type: 'Costruzione storica',
        id: 3,
        latitude: '45.0690246',
```

```
        longitude: '7.6932346',
        address: 'Via Montebello,
                - 10124 Torino',
        phone: '+390118138511'
},
{

        name: 'Piazza Castello',
        type: 'Planetario',
        id: 4,
        latitude:'45.070982',
        longitude: '7.685676',
        address: 'Piazza Castello
                - 10122 Torino',
        phone: ''
},
{

        name: 'Planetario di Torino',
        type: 'Museo',
        id: 5,
        latitude:'45.039719',
        longitude: '7.761858',
        address: 'Via Osservatorio, 30
                - 10025 Pino Torinese TO',
        phone: '+390118118740'
},
{

        name: 'Palazzo Madama',
        type: 'Costruzione storica',
        id: 6,
        latitude: '45.070982',
        longitude: '7.685676',
        address: 'Piazza Castello
            - 10122 Torino',
        phone: ''
},
{

        name: 'Piazza Vittorio Veneto',
        type: 'Piazza',
        id: 7,
        latitude: '45.064258',
        longitude: '7.696276',
        address: 'Piazza Vittorio Veneto
            - 10123 Torino',
        phone: ''
},
{

        name: 'Museo Egizio',
```

```
            type: 'Museo',
            id: 8,
            latitude: '45.06843',
            longitude: '7.684304',
            address: 'Via Accademia delle Scienze,
6
                    - 10123 Torino',
            phone: '+390115617776'
    },
    {
            name: 'Reggia di Venaria',
            type: 'Costruzione Storica',
            id: 9,
            latitude: '45.135972',
            longitude: '7.623365',
            address: 'Piazza della Repubblica, 4
                    - 10078 Venaria Reale TO',
            phone:'+390114992333'
    },
    {
            name: 'Borgo Medievale',
            type: 'Borgo',
            id: 10,
            latitude: '45.049045',
            longitude: '7.685201',
            address: 'Viale Virgilio, 107
                    - 10126 Torino',
            phone: '+390114431701'
    }

]
});

console.log("getAllCount:"
        + store.getCount());

}
});
...
```

Per instanziare uno store si usa come al solito l'istruzione
Ext.create e si instanzia la classe *Ext.data.Store*.

```
    var store = Ext.create("Ext.data.Store",
    {
            storeId: "attrazioniStore",
```

```
});
```

storeId è l'identificativo unico di questo store. Se è presente, lo store sarà registrato attraverso *Ext.data.StoreManager*, rendendo più semplice il suo riutilizzo da altri punti dell'applicazione. Creato lo store il problema immediatamente successivo è quello di inserire dei dati nello store. Ci sono diversi modi per caricare uno store, si può caricare attraverso dei file, json, jsonp, xml, rest, ecc.., siccome è il primo esempio di applicazione che usa gli store useremo un array di oggetti JavaScript. Guardate il codice seguente:

```
var store = Ext.create("Ext.data.Store", {
storeId: "attrazioniStore",
    data: [
    {
        name: 'Museo del cinema di Torino',
        type: 'Museo',
        id: 1,
        latitude: '45.0693174',
        latitude: '7.69304484',
        address: 'Via Montebello, 20
                - 10124 Torino',
        phone: '+390118138511'
    },
    {
        name: 'Basilica di Superga',
        type: 'Costruzione storica',
        id: 2,
        latitude: '45.070982',
        longitude: '7.685676',
        address: 'Strada Basilica di Superga,
                73, 10132 Torino',
        phone: '+390118997456'
    },
    {
        name: 'Mole Antonelliana',
        type: 'Costruzione storica',
        id: 3,
        latitude: '45.0690246',
        longitude: '7.6932346',
        address: 'Via Montebello,
                - 10124 Torino',
        phone: '+390118138511'
    },
```

```
{
    name: 'Piazza Castello',
    type: 'Planetario',
    id: 4,
    latitude:'45.070982',
    longitude: '7.685676',
    address: 'Piazza Castello
            - 10122 Torino',
    phone: ''
},
{

    name: 'Planetario di Torino',
    type: 'Museo',
    id: 5,
    latitude:'45.039719',
    longitude: '7.761858',
    address: 'Via Osservatorio, 30
            - 10025 Pino Torinese TO',
    phone: '+390118118740'
},
{

    name: 'Palazzo Madama',
    type: 'Costruzione storica',
    id: 6,
    latitude: '45.070982',
    longitude: '7.685676',
    address: 'Piazza Castello
        - 10122 Torino',
    phone: ''
},
{

    name: 'Piazza Vittorio Veneto',
    type: 'Piazza',
    id: 7,
    latitude: '45.064258',
    longitude: '7.696276',
    address: 'Piazza Vittorio Veneto
        - 10123 Torino',
    phone: ''
},
{

    name: 'Museo Egizio',
    type: 'Museo',
    id: 8,
    latitude: '45.06843',
    longitude: '7.684304',
```

```
        address: 'Via Accademia delle Scienze,
6
            - 10123 Torino',
        phone: '+390115617776'
    },
    {

        name: 'Reggia di Venaria',
        type: 'Costruzione Storica',
        id: 9,
        latitude: '45.135972',
        longitude: '7.623365',
        address: 'Piazza della Repubblica, 4
            - 10078 Venaria Reale TO',
        phone:'+390114992333'
    },
    {

        name: 'Borgo Medievale',
        type: 'Borgo',
        id: 10,
        latitude: '45.049045',
        longitude: '7.685201',
        address: 'Viale Virgilio, 107
            - 10126 Torino',
        phone: '+390114431701'
    }

]   });
```

Per verificare che effettivamente l'array di dati è stato caricato nello store facciamo il log nella console il numero degli elementi presenti nello store.

```
console.log("getAllCount:"
+ store.getCount());
```

Provate ad eseguire questa applicazione e verificare che anche nel vostro store avete i 10 elementi.

8.2 Iterare tra gli elementi di uno store

Adesso che abbiamo il nostro store che contiene 10 records, vogliamo iterare tra gli elementi loggando sulla console del browser alcune informazioni degli elementi. Per iterare usiamo la seguente funzione:

```
store.each(function (rec) {

    console.log("Nome Attrazione: " +
            rec.get("name"));
});
```

La funzione each itera su ogni elemento dello store e ad ogni iterazione salva il record corrente nella variabile rec. Nel nostro codice ad ogni iterazione andremo a prendere (get) un campo del record (in questo caso name) e lo logghiamo nella console. Accodate il codice sopra all'esempio visto nel paragrafo precedente e se eseguite il codice dovreste ritrovarvi una risposta simile a quella della figura sotto:

```
getAllCount:10
Nome Attrazione: Museo del cinema di Torino
Nome Attrazione: Basilica di Superga
Nome Attrazione: Mole Antonelliana
Nome Attrazione: Piazza Castello
Nome Attrazione: Planetario di Torino
Nome Attrazione: Palazzo Madama
Nome Attrazione: Piazza Vittorio Veneto
Nome Attrazione: Museo Egizio
Nome Attrazione: Reggia di Venaria
Nome Attrazione: Borgo Medievale
```

Figura 8.2 – Feedback nella console di debug.

8.3 Ordinare gli elementi di uno store

Quando si ha una collezione di elementi nasce la necessita di ordinarli. Per ordinare in base ad un campo del record si usa il metodo sort dell'oggetto store. Nell'esempio sotto ordiamo in base al contenuto di *name*:

```
store.sort("name");
```

Nell'esempio di seguito ordiniamo lo store e successivamente presentiamo i record ordinati nella console di debug. Il codice completo come al solito lo trovate nei sorgenti scaricati.

```
...
console.log("getAllCount:" +
store.getCount());
store.sort("name");

store.each(function (rec) {
        console.log("Nome Attrazione: " +
                        rec.get("name"));
});
...
```

Si può fare un ordinamento ascendente o discendente, rimando alla documentazione per tutti i dettagli: *Ext.data.Store* Se eseguite il codice dovreste ritrovarvi una risposta simile a quella della figura sotto:

```
getAllCount:10
Nome Attrazione: Basilica di Superga
Nome Attrazione: Borgo Medievale
Nome Attrazione: Mole Antonelliana
Nome Attrazione: Museo Egizio
Nome Attrazione: Museo del cinema di Torino
Nome Attrazione: Palazzo Madama
Nome Attrazione: Piazza Castello
Nome Attrazione: Piazza Vittorio Veneto
Nome Attrazione: Planetario di Torino
Nome Attrazione: Reggia di Venaria
>
```

Figura 8.3 – Ordinare uno store.

8.4   Filtrare elementi di uno store

In questo paragrafo impareremo ad utilizzare i filtri per prendere tutti gli elementi che hanno una determinata caratteristica. Dal nostro store vogliamo prendere tutti gli elementi che hanno "name = Planetario di Torino". Come facciamo ?

```
store.filter('name', 'Planetario di
Torino');

store.each(function (rec) {
    console.log("Dopo il filtro: " +
            rec.get("name"));
});
```

Risultato:

```
getAllCount:10
Dopo il filtro: Planetario di Torino
>
```

Figura 8.4 – Filtrare elementi di uno store.

8.5 Presentare i dati con una dataview

E' arrivato il momento di far vedere anche all'utente cosa c'è nello store. Per fare questo utilizzeremo un oggetto dataview. Dal nostro store vogliamo prendere tutti gli elementi che hanno "name = Planetario di Torino". Come facciamo ?

Iniziamo a guardare il risultato che vogliamo ottenere. Di seguito visto da un desktop:

Figura 8.5 – Presentare i dati con una dataview.

Questa invece è la vista da un dispositivo mobile, uno smartphone:

Figura 8.6 – Presentare i dati con una dataview, vista da smartphone

Come si ottiene ?
Abbiamo già i dati nello store, per visualizzarli usiamo l'oggetto dataview. Per approfondire i dettagli di questo oggetto rimando alla pagina della documentazione: *Ext.dataview.DataView*. Guardate il codice, da aggiungere a quanto già scritto:

```
var dataView = Ext.create('Ext.DataView', {
    fullscreen: true,
    store: store,
    itemTpl: '<div><img src=img/{id}.jpg
width=50         />     {name} {type}
    {address}                {phone}
</div><hr/>'
});

Ext.Viewport.add(dataView);
```

Oltre ad istanziare l'oggetto *dataview*, specifichiamo da dove vengono i dati che si vogliono rappresentare, nel nostro caso dallo store creato nei passi precedenti.

Ma come facciamo a dire alla dataview il modo di rappresentare i dati ?

Specificando il template dell'item (*itemTpl*). All'interno del template scriviamo codice html prendendo le variabili presenti nello store. Un record dello store è fatto così:

```
...
{
    name: 'Museo del cinema di Torino',
    type: 'Museo',
    id: 1,
    latitude: '45.0693174',
    longitude: '7.69304484',
    address: 'Via Montebello, 20
            - 10124 Torino',
    phone: '+390118138511'
},
...
```

Nel template (*itemTpl*) della dataview possiamo fare riferimento ai campi del record usando le parentesi graffe. Un altro concetto interessante è il fatto che la dataview è collegata allo store specificato. Questo significa che se ordinate lo store, questo attiverà un refresh della dataview e vi visualizzerete gli elementi ordinati. Le cose iniziano a diventare interessanti ?

8.6 Migliorare lo stile degli elementi presentati

Nel paragrafo precendente abbiamo visualizzato gli elemento usando una dataview. Se però guardate il risultato dal punto di vista della presentazione non è il massimo. In questo paragrafo impareremo a dare un po' di stile alla nostra interfaccia. Come al solito guardate il risultato che intendiamo ottenere sia su desktop che su smartphone.

Figura 8.7 – Lo stile degli elementi.

Questa invece è la vista da un dispositivo mobile, uno smartphone:

Figura 8.8 – Lo stile degli elementi, vista da smartphone.

Gli angoli delle immagini sono arrotondati, le strighe sono presentate con degli stili diversi. Per ottenere il risultato sopra lavoriamo con i css. Guardate il css in basso. Definisce le proprietà sugli elementi che ci interessano. Copiatelo nell'head della vostra applicazione.

```
...

<style>
    h3 {
        margin-top: 0.3em;
        font-size: 1.2em;
    }

    h4 {
        color: #999;
        margin-bottom: 0.3em;
    }
```

```css
.avatar {
    background-position: center center;
    -webkit-border-radius: 0.5em;
    float: left;
    border: 0;
    border-radius: 0.5em;
    margin-right: 10px;
    margin-top: 5px;
    margin-left: 3px;
    width: 40px;
    height: 40px;
    background-size: 40px auto;
    background-repeat:no-repeat;
}
</style>
```

. . . .

```javascript
var dataView = Ext.create('Ext.DataView', {
    fullscreen: true,
    store: attstore,
    itemTpl:'&lt;div class="avatar"
            style="background-image:
                url(img/{id}.jpg)"></div>',
            '<h3>{name}</h3>',
            '<h4>{type}</h4>'
});
```

```javascript
Ext.Viewport.add(dataView);
```

8.7 List e group

Ora vogliamo raggruppare le informazioni della nostra dataview in base al campo type. In Sencha Touch esiste la proprietà group, ma questa è una proprietà che ha una classe che specializza la classe dataview, si tratta della classe *Lists* (*Ext.dataview.List*). E' possibile fare riferimento alla classe Lists in due modi, usando il percorso intero quindi *Ext.dataview.List* o uno shortcut *Ext.List*.

Un immagine può essere più esplicativa di tante parole. Guardate negli screenshot in basso il risultato che si vuole ottenere.

Figura 8.9 – list e group.

Di seguito la vista da smartphone:

Figura 8.10 – list e group, vista da smartphone.

Per raggruppare i dati presi dallo store in base ad una logica bisogna scrivere questa logica. Nel nostro caso vogliamo raggrapparli in base al type. Quindi scriveremo un grouper come proposto di seguito:

```
grouper: {
    groupFn: function (record)
{
        var type =
record.get("type");
        return type;
    }
}
```

Come abbiamo detto all'inizio del paragrafo per sfruttare questa potenzialità dobbiamo usare una specializzazione delle dataview che sono le *lists*. Come le dataview in lists e attiviamo la proprietà *grouper*.

```
var dataView = Ext.create('Ext.List', {
fullscreen: true,
store: store,
grouped: true,
itemTpl: [
        '<div class="avatar"
style="background-      image:

url(img/{id}.jpg)"></div>',
        '<h3>{name}</h3>',
        '<h4>{type}</h4>'
    ]
});
```

Per dare un altro tocco di stile, ho ingrandito le immagini da 40px a 50px modificando la classe avatar del css. Provate a farlo anche voi. Molte bene. Iniziate ad avere le prime soddisfazioni ?

8.8 Conclusioni

In questo capitolo abbiamo inserito importanti tasselli al nostro bagaglio di conoscenze su Sencha Touch. Abbiamo iniziato a conoscere e a fare pratica con gli store, fondamentali come vedremo per costruire un'architettura MVC per le nostre applicazioni. Abbbiamo fatto un po di pratica con gli oggetti come le dataview e le list che sfruttano gli store. Nel prossimo capitolo ci confronteremo con i Model, che ci permetteranno di organizzare e gestire meglio i dati nello store.

9. Model

"Quello che hai da fare, fallo adesso.Il futuro non è promesso a nessuno"
Wayne W. Dyer

Sencha Touch permette di gestire i dati all'interno degli store in modo più efficiente rispetto alla modalità che abbiamo visto nel capitolo precedente, dove abbiamo inserito i dati nello store attraverso dei records.

Sencha Touch mette a disposizione la classe *Ext.data.Model*, attraverso la quale è possibile definire un modello dati, istanziarlo, si può gestire la validazione dei campi, gestire le associazioni con altri modelli di dati, è possibile collegare il modello dati a delle sorgenti di dati locali o remote. Attraverso un modello dati si semplifica la gestione del caricamento di uno store con dati provenienti da un servizio web. L'utilizzo dei modelli semplifica il lavoro con gli store e rende il processo molto più intuitivo.

In questo capitolo riscriveremo l'applicazione vista nel capitolo precedente migliorando la gestione dei dati grazie all'inserimento del modello dati.

9.1 Creare e utilizzare un modello dati

Definiamo il modello per gestire i dati che vogliamo inserire nello store.
Se il record è:

```
    ...
{
    name: 'Museo del cinema di Torino',
    type: 'Museo',
    id: 1,
    latitude: '45.0693174',
    longitude: '7.69304484',
    address: 'Via Montebello, 20
        - 10124 Torino',
    phone: '+390118138511'
},
    ...
```

La definizione del modello dati con l'informazione del tipo di dato sarà il seguente:

```
    ...
Ext.define('attrazioniModel', {
    extend: 'Ext.data.Model',
    config: {
        fields: [
            {
                name: 'name',
                type: 'string'
            },
            {
                name: 'type',
                type: 'string'
            },
            {
                name: 'id',
                type: 'int'
            },
            {
                name: 'latitude',
                type: 'string'
            },
            {
                name: 'longitude',
```

```
                type: 'string'
            },
            {

                name: 'address',
                type: 'string'
            },
            {

                name: 'phone',
                type: 'string'
            }
        ]
    }
});
...
```

Quindi nella definizione dello store dovremo specificare che questo store è collegato al modello dati *attrazioniModel*. Il codice dello store diventa:

```
...
var store = Ext.create("Ext.data.Store", {
model: 'attrazioniModel',
storeId: "attrazioniStore",
data: [
    {
        name: 'Museo del cinema di Torino',
        type: 'Museo',
        id: 1,
        latitude: '45.0693174',
        longitude: '7.69304484',
        address: 'Via Montebello, 20
            - 10124 Torino',
        phone: '+390118138511'
    },
    {
        ......
    }

],

    grouper: {
        property: 'type',
    }

});
...
```

Provate ad eseguire di nuovo l'applicazione. Dovrestre vedere la stessa interfaccia che è stata ottenuta nel capitolo precedente.

Figura 9.1 – Modello dati.

Figura 9.2 – Modello dati, vista da smartphone.

Può sembrare che con l'aggiunta del modello dati abbiamo complicato il processo, ma non è così, e la cosa sarà molto evidente man mano che l'applicazione crescerà. L'obiettivo che abbiamo raggiunto in questo paragrafo è stato quello di separe i dati e la loro gestione dallo store che utilizzeremo solo per immagazzinare i dati.

9.2   Validazione del modello dati

In questo paragrafo vedremo come sfruttare il fatto di avere intradotto il modello dei dati. Il primo vantaggio pratico è quello di poter fare una validazione sui dati. Ad esempio nell'applicazione che si stà sviluppando potrebbe essere importante che un dato sia presente (*presence*), o che il dato che si inserisce per un certo campo abbia una lunghezza minima (*length*) o ancora che il dato in un altro campo include determinati caratteri (*inclusion*) o che non li contenga (*exclusion*) , o che siano coerenti con un certo formato. Sencha Touch ci dà la possibilità di validare i campi dei dati in base a 5 criteri: presenza (*presence*), lunghezza (*length*), inclusione (*inclusion*), esclusione (*exclusion*) e formato (*format*).

Inseriamo la validazione:

```
Ext.define('attrazioniModel', {
    extend: 'Ext.data.Model',
    config: {
        fields: [
            {
                name: 'name',
                type: 'string'
            },
            {
                name: 'type',
                type: 'string'
            },
            {
                name: 'id',
                type: 'int'
            },
            {
                name: 'latitude',
                type: 'string'
            },
            {
                name: 'longitude',
                type: 'string'
            },
            {
                name: 'address',
                type: 'string'
            },
            {
                name: 'phone',
                type: 'string'
            }
        ],

        validations: [
            {
                type: 'presence',
                field: 'name'
```

```
        },
        {
                type: 'presence',
                field: 'type'
        },
        {
                type: 'length',
                field: 'phone',
                min: 8
        },
        {
                type: 'length',
                field: 'address',
                min: 5
        },
        {
                type: 'format',
                field: 'phone',
                matcher: /^[0-9]+$/
        }
    ]

    }
});
```

Concentriamoci sui criteri di validazione. Stiamo dicendo che il campo "*name*" deve essere presente, il campo "*type*" deve essere presente, il campo "*phone*" deve avere una lunghezza minima di 8 caratteri, il campo "*address*" una lunghezza minima di 5 caratteri e ancora che il campo "*phone*" deve avere un formato numerico.

Per verificare se la validazione funziona, creiamo un oggetto a partire dal modello e verifichiamo la sua validità. Il codice è il seguente:

```
var attrazioniModel1 =
    Ext.create('attrazioniModel',
    {
        name: 'Museo del cinema',
        type: '',
        id: '',
        latitude: '45.0693174',
```

```
        longitude: '7.69304484',
        address: 'Mond',
        phone: '+453fds'
});

if (!attrazioniModel1.isValid()) {
    var errors =
attrazioniModel1.validate();
        errors.each(function (rec) {
            console.log(rec.getField() + ":"
            + rec.getMessage());
        });
}
```

Stiamo violando diverse regole della validazione che abbiamo scelto. Lanciate l'applicazione e verificate il feedback nella console log del browser.

```
type:must be present
phone:is the wrong length
address:is the wrong length
phone:is the wrong format
>
```

Figura 11.3 – Feedback delle violazioni.

La tecnica della validazione dei dati prima di inserirli nella store è molto importante e di conseguenza usatissima.

9.3 Conclusioni

Abbiamo imparato a definire i modelli di dati per mezzo di *Ext.data.Model*, ci serviranno per organizzare e gestire meglio le nostre applicazioni. Nel prossimo capitolo vedremo come popolare uno store grazie a dati non più hard coded nell'applicazione, ma acquisiti da fonti esterne.

10. Connessioni Remote

"Spesso restiamo a fissare così a lungo la porta chiusa da non riuscire a scorgere quella che ci è stata aperta."
Helen Keller

Uno store può essere caricato attraverso un *proxy*. Sencha Touch ha due tipi principali di proxy: i proxy di tipo client e i proxy di tipo server. I proxy di tipo client permettono di salvare dati provenienti da una sorgente locale nello store. I proxy di tipo server permettono di salvare nello store i dati provenienti da una sorgente remota. Un server proxy comunica inviando richieste a server remoti. Sencha Touch offre quattro tipi di server proxy già pronti all'uso.

Ext.data.proxy.Ajax
Invia una richiesta ad un server che si trova sullo stesso dominio sul quale è avviata l'applicazione Sencha Touch che fa la richiesta. La richiesta viene fatta attraverso Ajax.

Ext.data.proxy.JsonP

Invia una richiesta ad un server che si trova su un dominio diverso rispetto a quello sul sul quale è avviata l'applicazione Sencha Touch che fà la richiesta. La richiesta viene fatta attraverso JsonP.

Ext.data.proxy.Rest
E' un tipo di proxy ajax che permette di gestire le quattro azioni di un servizio RESTful: create, read, update, destroy.

Ext.data.proxy.Direct
Permette la comunicazione tra l'applicazione Sencha (lato client) e tutte le varie tipologie di piattaforme server.
In questo libro implementeremo le due tipologie di proxy server più utilizzate: il proxy AJAX e il proxy JSONP. Vedremo:

- Come salvare e recuperare dati da uno stesso dominio usando AJAX
- Come implementare un AJAX proxy
- Come fare una richiesta AJAX
- Come recuperare dati da un dominio diverso attraverso JSONP
- Come implementare un JSONP proxy
- Come fare una richiesta JSONP

10.1 Implementare un proxy AJAX

AJAX è l'acronimo di Asynchronous JavaScript e XML. Nonostante il nome, non è richiesto l'uso di XML, spesso si usa JSON. Con AJAX i dati che devono essere recuperati, o in generale lo script che crea questi dati, e la web application si trovano sullo stesso dominio. L'obiettivo di questo paragrafo è quello di caricare i dati delle attrazioni da un file json locale e non più attraverso un array JavaScript. Essendo il file json locale, useremo un proxy Ajax. Il proxy Ajax può essere dichiarato o nel modello o nello store. Io scelgo di dichiararlo nello store per il fatto che in applicazioni complesse con tanti modelli e tanti store, spesso alcuni modelli sono condivisi tra diversi store che devono essere caricati con proxy di tipo diverso.

```
...
config: {
  // model o store

  proxy: {
      type: 'ajax',
      url: 'data/data.json'
  }
}
...
```

In basso ho riportato una porzione del file *attrazioni.json*. Da notare che gli elementi che ci interessano sono sotto una root che è attractions. Questa osservazione ci servirà per impostare correttamente il proxy.

```
{
"success": true,
"attractions": [
{
    "id": 1,
    "name": "Museo del cinema di Torino",
    "type": "Museo",
    "latitude": 45.0693174,
    "longitude": 7.69304484,
    "address": "Via Montebello, 20
            - 10124 Torino",
    "phone": "+390118138511",
    "image":
"http://www.appacademy.it/book/attrazioniTorino
/1.jpg"
},
{
    "id": 2,
    "name": "Basilica di Superga",
    "type": "Costruzione storica",
    "latitude": 45.070982,
    "longitude": 7.685676,
```

```
    "address": "Strada Basilica di Superga,
         73, 10132 Torino",
    "phone": "+390118997456",
    "img":
"http://www.appacademy.it/book/attrazioniTorino
/2.jpg"
},
{
    "id": 3,
    "name": "Mole Antonelliana",
    "type": "Costruzione storica",
    "latitude": 45.0690246,
    "longitude": 7.6932346,
    "address": "Via Montebello,
       - 10124 Torino",
    "phone": "+390118138511",
    "img":
"http://www.appacademy.it/book/attrazioniTorino
/3.jpg"
},
  ...
```

Nel capitolo precedente avevamo creato l'applicazione *StoreModel_Validation.html*, nella quale avevamo definito manualmente i dati che poi avevamo validato in base al modello. Per andare avanti cancellate gli oggetti di test. In pratica dovrete cancellare il codice seguente:

```
var attrazioniModel1 =
Ext.create('attrazioniModel',
{
    name: 'Museo del cinema',
    type: '',
    id: '',
    latitude: '45.0693174',
    longitude: '7.69304484',
    address: 'Mond',
    phone: '+453fds'
});

if (!attrazioniModel1.isValid()) {
    var errors = attrazioniModel1.validate();
    errors.each(function (rec) {
        console.log(rec.getField() + ":"
```

```
                    + rec.getMessage());
     });
}
```

A questo punto possiamo modificare lo store per raccogliere i
dati dalla sorgente json. Dovremo cancellare l'array data,
impostare la proprietà *autoload* dello store al valore "true" e
inserire il codice relativo al proxy. La porzione di codice relativa
allo store cambierà nel seguente modo:

```
        var store =
Ext.create("Ext.data.Store", {
        autoLoad: true,
        model: 'attrazioniModel',
        storeId:  "attrazioniStore",
        proxy: {
            type: 'ajax',
            url: 'Data/attrazioni.json',
            reader: {
                type: 'json',
                rootProperty: 'attractions'
            }
        },
        grouper: {
            property: 'type',
        }

    });
```

Nel proxy è stata impostato la posizione fisica dove trovare il
file json:

```
    url: 'Data/attrazioni.json',
```

E' stato definito il tipo di reader che si vuole usare Json e la
rootProperty. Dal punto di vista di presentazione all'utente il
risultato non cambia, dovreste vedere:

Figura 10.1 – Proxy Ajax.

Figura 10.2 – Proxy Ajax, vista da smartphone.

10.2 Implementare un proxy JSONP

Come abbiamo anticipato nell'introduzione, AJAX in generale non permette di inviare e ricevere dati da un dominio diverso rispetto a quello dove è ospitata l'applicazione per problemi di cross-domain policy.

Quindi per queste situazioni Sencha Touch ci mette a disposizione il protocollo JSONP.

JSONP stà per JSON *con Padding* e permette le richieste **cross-domain**. All'indirizzo www.appacademy.it/book/get.php si trova un servizio che restituisce i dati che finora abbiamo caricato localmente attraverso AJAX. In questo paragrafo vedremo come collegarci al servizio remoto per prendere i dati e visualizzarli. Cambia solo il modo con cui acquisiremo i dati, quindi modificheremo solo lo store *AttrazioniStore*. Le modifiche da fare sono sul tipo di proxy che da ajax diventa jsonp e sull'url che non è più locale, ma punterà all'url http://www.appacademy.it/book/get.php. Quindi il nuovo AttrazioniStore è:

```
var store = Ext.create("Ext.data.Store", {
autoLoad: true,
model: 'attrazioniModel',
storeId:  "attrazioniStore",
proxy: {
    type: 'jsonp',
    url:
'http://www.appacademy.it/book/get.php',
    reader: {
        type: 'json',
        rootProperty: 'attractions'
    }
},
grouper: {
    property: 'type',
}

});
```

10.3 Presentare le informazioni dell'item selezionato

Nella lista sono presentate all'utente solo alcune informazioni dell'attrazione, l'obiettivo di questo paragrafo è quello di imparare a presentare all'utente le altre informazioni dell'oggetto selezionato.

Quello che vogliamo ottenere alla fine è un'applicazione che si presenta come gli screenshot sottostanti:

Figura 10.3 – Le informazioni presentate in un popup.

Figura 10.4 – Le informazioni presentate in un popup, vista da smartphone.

Vogliamo che l'evento di selezione di un item nella lista attivi la visualizzazione di un popup e nel popup vogliamo presentare informazioni aggiuntive dell'elemento selezionato.

```
...
var dataView = Ext.create('Ext.List', {
fullscreen: true,
store: store,
grouped: true,
itemTpl: [
    '<div class="avatar"
        style="background-image:
url(img/{id}.jpg)"></div>'
    '<h3>{name}</h3>',
    '<h4>{type}</h4>'
    ],
    listeners: {
    select: function (view, record,eOpts) {
        debugger;
        var message = record.getData().address
+
            '<br/><hr/>';
        message += record.getData().phone +
            '<br/><br/>';
        console.log(message);
        Ext.Msg.alert(record.getData().name,
message);
    }
}

});
...
```

Per raggiungere il nostro obiettivo inseriamo un listener all'interno della lista, e stabiliamo che rimanga in ascolto dell'evento select sulla lista. Nella funzione di gestione dell'evento select scriviamo il codice per creare il messaggio raccogliendo le informazioni necessarie dal record selezionato e quindi presentiamo il messaggio attraverso un messaggio di alert. Il concetto nuovo introdotto in questo paragrafo è l'acquisizione dei campi del record. Il framework Sencha Touch crea dei setter e getter per le proprietà delle classi che si instanziano.

Cerchiamo di capire cosa significa. Inserite un debugger all'inizio della funzione di select.

```
...
listeners: {
select: function (view, record,eOpts) {
    debugger;
        var message = record.getData().address
+
            '&lt;br/&gt;&lt;hr/&gt;';
        message += record.getData().phone +
            '&lt;br/&gt;&lt;br/&gt;';
    console.log(message);
    Ext.Msg.alert(record.getData().name,
message);
}
}

});
...
```

Aprite la console di debug del vostro browser, avviate l'applicazione e selezionate un elemento della lista per entrare nella funzione di gestione dell'evento select.

Figura 10.4 – Debug applicazione.

Sappiamo che le informazioni sono all'interno dell'oggetto record, potete comunque vedere cosa c'è all'interno degli altri oggetti. Se vi posizionate con il mouse su record comparirà un menu contestuale a record che presenta le proprietà di record. Andando ad aprire data potrete vedere tutti gli elementi che ci interessano. Quindi per poter prendere i valori che ci interessano useremo il metodo get su data (ricordatevi di mettere data con la D maiuscola: *getData*) e con l'operatore "." (punto) accederemo alla proprietà di nostro interesse. Per prendere il contenuto di address:

```
record.getData().address
```

Fate un pò di prove con le altre proprietà. Questo è un concetto che userete tantissimo.

10.4 Conclusioni

Abbiamo visto come gestire le connessioni remote jsonp e ajax, visualizzare le informazioni e gestire il controllo, modelli e store. A questo punto abbiamo le basi per affrontare la seconda parte di questo libro, dove realizzeremo un'applicazione più complessa rafforzando i concetti acquisiti, apprendendone di nuovi.

Parte 2

Creazione di una Web App completa

Capitolo 11. **Il processo di sviluppo**. Creeremo il progetto Sencha Touch dell'applicazione che ci accompagnerà nella seconda parte e analizzeremo il processo di sviluppo.

Capitolo 12. **ATOApp: Navigazione, Liste e Mappe**. Inseriremo due architetture di navigazione delle schermate dell'app e approfondiremo le conoscenze su liste e mappe.

Capitolo 13. **XTemplate e NavigationView**. In questo capitolo realizzeremo la schermata di dettaglio della nostra applicazione e implementeremo le funzioni per gestire le transizioni sugli eventi di tap sull'item della lista e tap sul marker nella mappa.

Capitolo 14. **Temi e Stili**. Impareremo a creare temi per la nostra applicazione, in modo che si presenti più accattivante. Vedremo come usare dei font e icone custom.

11. Il processo di sviluppo

*"L'unico vero **viaggio** verso la scoperta non consiste nella ricerca di nuovi paesaggi, ma nell'avere **nuovi occhi**."*
Marcel Proust

In questa seconda parte del libro imparete a sviluppare un'applicazione reale sfruttando i concetti visti nella prima parte. Avete imparato a lavorare con Models, Stores, a creare i primi semplici controlli, e a presentare le informazioni all'utente attraverso le view.

Ora siamo pronti a strutturare il codice delle nostre applicazioni sfruttando il paradigma MVC messo a disposizione da Sencha Touch.

Strutturando le applicazioni secondo il paradigma MVC avremo diversi vantaggi.

Sarà più semplice gestire e mantenere applicazioni complesse e non meno importante potremo sfruttare gli strumenti di Sencha Touch per fare la build dell'applicazione, l'ottiminizzazione e la compilazione per diverse piattaforme.

Come abbiamo visto nel capitolo 3 per impacchettare le applicazioni Sencha Touch si usa Sencha CMD. Sencha CMD è un tool a linea di comando cross-platform che permette di automatizzare diversi task che ruotano attorno al lifecycle di un'applicazione, dalla generazione di un nuovo progetto al deploy dell'applicazione in produzione. Il processo che seguiremo per la realizzazione delle nostre applicazioni, sarà il seguente:

Figura 11.1 – Processo di sviluppo.

11.1 Nuovo Progetto: Guida Torino

Usiamo Sencha CMD per creare l'architettura dei file e delle cartelle necessarie per fare la build dell'applicazione Sencha Touch. Generiamo il progetto ATOApp (Attrazioni TOrino App) con il comando *"Sencha CMD"* che abbiamo imparato nel capitolo 4.

Se avete eseguito le istruzioni del capitolo 4, dovreste avere il vostro framework Sencha Touch nel seguente percorso del filesystem:

C:\xampp\htdocs\touch

Dovreste avere una strutture di cartelle come quelle presentate nello screenshot seguente:

```
.sencha
builds
cmd
docs
examples
microloader
resources
src
build.xml                        7 KB
file-header.txt                  1 KB
index.html                       1 KB
license.txt                      3 KB
release-notes.html             296 KB
SenchaLogo.png                   6 KB
sencha-touch.js                137 KB
sencha-touch-all.js            700 KB
sencha-touch-all-debug.js    2.821 KB
sencha-touch-debug.js          520 KB
SETUP.html                       4 KB
version.txt                      1 KB
```

Figura 11.2 – Le cartelle del framework.

Bene! Seguite i passi sotto numerati.

1. Aprite un terminale dei comandi, ed entrate nella cartella del framework:

    cd c:\xampp\htdocs\touch

2. Generate il nuovo progetto ATOApp usando la sintassi seguente:

    sencha generate app -name <namespace> -path ../<appfolder>

    Eseguite il seguente comando dal teminale dei comandi (ricordo che siete nella cartella cd c:\xampp\htdocs\touch) per generare la nostra web application ATOApp. ATOApp stò per "Attrazioni Torino App".

    sencha generate app -name ATOApp -path ../ATOApp

Nota: Potete lanciare il comando di generazione della vostra app da qualsiasi punto del vostro filesystem specificando due cose: la posizione del framework e la cartella di destinazione del progetto generato. Nel nostro caso avremmo potuto generare l'applicazione da *C:* attraverso il seguente comando:

sencha –sdk c:\xampp\htdocs\touch generate app -name ATOApp -path c:\xampp\htdocs\touch\ATOApp

Verificate nel vostro filesystem cosa è stato generato nella cartella ATOApp:

Nome ▲	Dimensione	Tipo
.sencha		Cartella di file
app		Cartella di file
build		Cartella di file
packages		Cartella di file
resources		Cartella di file
touch		Cartella di file
app.js	2 KB	JScript Script File
app.json	6 KB	File JSON
bootstrap.js	37 KB	JScript Script File
bootstrap.json	1 KB	File JSON
build.xml	3 KB	Documento XML
index.html	2 KB	Chrome HTML Docu...

Indirizzo: C:\xampp\htdocs\ATOApp

Figura 11.3 – File prodotti dal processo di generazione.

Nel capitolo 4 abbiamo imparato a conoscere già alcuni file tra quelli generati ora proviamo ad approfondire le nostre conoscenze.

Aprite il file index.html.

```
<!DOCTYPE HTML>
<html manifest="" lang="en-US">
<head>
```

```html
<meta charset="UTF-8">
<title>ATOApp</title>
<style type="text/css">
    /**
    * Example of an initial loading
indicator.
    * It is recommended to keep this as
minimal as        possible to provide instant
feedback
    * while other resources are still
being loaded            for the first time
    */
    html, body {
        height: 100%;
        background-color: #1985D0
    }

    #appLoadingIndicator {
        position: absolute;
        top: 50%;
        margin-top: -15px;
        text-align: center;
        width: 100%;
        height: 30px;
        -webkit-animation-name:
                    appLoadingIndicator;
        -webkit-animation-duration: 0.5s;
        -webkit-animation-iteration-count:
                        infinite;
        -webkit-animation-direction:
linear;
    }

    #appLoadingIndicator > * {
        background-color: #FFFFFF;
        display: inline-block;
        height: 30px;
        -webkit-border-radius: 15px;
        margin: 0 5px;
        width: 30px;
        opacity: 0.8;
    }

    @-webkit-keyframes appLoadingIndicator{
        0% {
            opacity: 0.8
        }
```

```
        50% {
            opacity: 0
        }
        100% {
            opacity: 0.8
        }
    }
</style>
<!-- The line below must be kept intact for
Sencha Command to build your application -->
<script id="microloader"
type="text/javascript"
src=".sencha/app/microloader/development.js"></
script>
</head>
<body>
    <div id="appLoadingIndicator">
        <div></div>
        <div></div>
        <div></div>
    </div>
</body>
</html>
```

Il file contiene il title della pagina html che è stato impostato con il nome del progetto appena generato (ATOApp). Sotto c'è la definizione dello stile. In questa sezione sono scritte delle classi CSS che all'interno del body vengono richiamate per creare una semplice animazione prima che l'applicazione sia caricata.

Sotto la definizione dello stile si fa riferimento a development.js:

```
<script id="microloader"
type="text/javascript"
src=".sencha/app/microloader/development.js"></
script>
```

development.js è la nostra app compilata e pronta per essere eseguita. app.js che rappresenta il punto iniziale dell'applicazione viene compilato in development.js da cmd.

Negli esempi visti nei captitoli precendenti abbiamo usato *Ext.onReady()* come punto iniziale delle nostre applicazioni, da questo momento useremo *Ext.application* anziché *Ext.onReady()* per supportare la nuova struttura di directory della nostra applicazione.

```
Ext.application({
    name: 'ATOApp',

    requires: [
        'Ext.MessageBox'
    ],

    views: [
        'Main'
    ],
```

Ext.application carica la classe *Ext.app.Application* e la avvia con la sua configurazione dopo che la pagina è pronta. E' necessario specificare un nome, le eventuali classi che è necessario includere nella build (in requires). Nel nostro caso l'applicazione viene compilata includendo la classe *Ext.MessageBox*. Successivamente si definiscono i *Models, Controllers, Profiles, Stores* e *Views* che costituiscono l'applicazione. Questi vengono caricati automaticamente. Ad esempio nel nostro file appena generato troviamo solo:

```
views: [
    'Main'
],
```

La parola "Main" specificata all'interno di views fa riferimento a Main.js presente *app/view*.

Dopo la definizione dei file che costituiscono l'applicazione, sono specificate altre impostazioni come icone etc.., che sono utilizzate quando si genera il package per gli app store.

Scendendo giù nel file app.js si arriva alla funzione launch che funzionarà come *onReady()*, dopo che il DOM è stato caricato ed è pronto viene attivata la funzione launch.

```
launch: function() {
    // Destroy the #appLoadingIndicator
element

Ext.fly('appLoadingIndicator').destroy();

    // Initialize the main view

Ext.Viewport.add(Ext.create('ATOApp.view.Main')
);
    },
```

Nella nostra funzione di launch eliminiamo (destroy) appLoadingIndicator che era stato avviato in index.html. Ora che il DOM è pronto non serve più che sia visualizzato. Nella seconda riga si andrà a visualizzare la view Main.

```
Ext.Viewport.add(Ext.create('ATOApp.view.Main')
);
```

Abbiamo visto più volte *Ext.Viewport.add*, questa volta come argomento passiamo l'oggetto *ATOApp.view.Main* definito questa volta in un altro file (app/views/Main.js).

```
Ext.define('ATOApp.view.Main', {
    extend: 'Ext.tab.Panel',
    xtype: 'main',
    requires: [
        'Ext.TitleBar',
        'Ext.Video'
    ],
    config: {
        tabBarPosition: 'bottom',
```

Avviate il web server e avviate l'applicazione. Scrivendo l'indirizzo localhost/ATOApp nella barra degli indirizzi dovreste vedere:

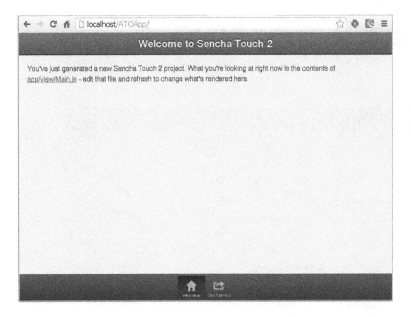

Figura 11.4 – Avvio dell'applicazione.

Stiamo vedendo una versione della nostra applicazione che non è compilata.

Se provate a verificare tutti i file scaricati dall'applicazione una volta che questa viene caricata, potrete vedere molti files scaricati. Il fatto di scaricare molti file spesso incide sulle performance dell'applicazione. Aprite gli strumenti per lo sviluppatore di Chrome. Attivate la tab Network, selezionando **All**.

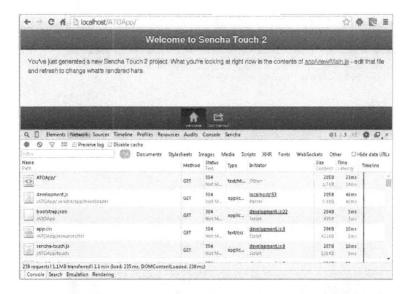

Figura 11.5 – I file caricati dall'applicazione non compilata

L'applicazione scarica questo numero elevato di files perché siamo in modalità development. Vedremo che una volta compilata l'applicazione il comportamento migliorerà decisamente.

11.2 Migliorare le performance dell'applicazione

11.2.1 Compilazione dell'applicazione per production

Aprite un terminale dei comandi, entrare nella cartella dell'applicazione :

c:\xampp\htdocs\ATOApp

Eseguire il comando: *sencha app build production*

Navigate nel filesytem dell'applicazione all'interno della cartella build. Noterete che è stata creata un nuova cartella production che contiene l'applicazione compilata.

Figura 11.6 – La cartella build.

Noterete che è stata creata un nuova cartella *production* che contiene l'applicazione compilata.

Indirizzo	C:\xampp\htdocs\ATOApp\build\production\ATOApp	
Nome ▲	Dimensione	Tipo
archive		Cartella di file
deltas		Cartella di file
resources		Cartella di file
app.js	497 KB	JScript Script File
app.json	1 KB	File JSON
cache.appcache	1 KB	File APPCACHE
index.html	10 KB	Chrome HTML Docu...

Figura 11.7 – La cartella production costituisce la nostra applicazione ottimizzata.

Notarete che la cartella contiene molti meno file e cartelle e che il file *app.js* occupa più spazio rispetto a prima. Il file *app.js* contiene tutti i nostri file JavaScript e la libreria Sencha Touch.

Avviate nel browser l'applicazione appena compilata.

Non dovreste notare cambiamenti rispetto a prima se non il fatto che questa volta l'app è molto più veloce. Se andiamo a monitorare il traffico dei files che l'applicazione scarica quando viene richiamata noteremo un altro interessante aspetto:

Non dovreste notare cambiamenti rispetto a prima se non il fatto che questa volta l'app è molto più veloce.

Se andiamo a monitorare il traffico dei files che l'applicazione scarica quando viene richiamata noteremo un altro interessante aspetto:

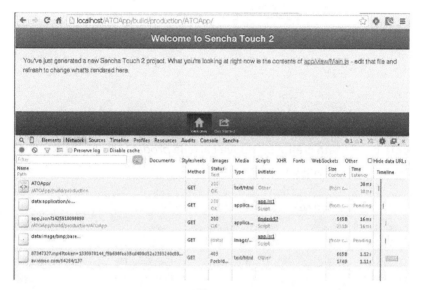

Figura 11.8 – Avviando l'applicazione dopo la build, i file richiesti dell'applicazione sono minori.

Questa volta i file scaricati dall'applicazione sono pochissimi. Tutti i files sono compilati e compressi nei pochi files che vedete sopra.

Cosa è successo ?

Un altro concetto da tenere presente che differenzia un applicazione in development e una in produzione è che in un'applicazione in development non c'è bisogno di indicare i *requires* in quanto c'è tutta la libreria a disposizione. Guardate il file *app/view/Main.js*

```
...
Ext.define('ATOApp.view.Main', {
    extend: 'Ext.tab.Panel',
    xtype: 'main',
```

```
requires: [
    'Ext.TitleBar',
    'Ext.Video'
],
```

...

In production il compilatore deve sapere quali classi includere nel processo di compilazione.

11.3 Compilazione dell'applicazione per testing

Entrare nella cartella dell'applicazione:

c:\xampp\htdocs\ATOApp

Eseguire il comando:

sencha app build testing

11.4 Conclusioni

Abbiamo generato il progetto, analizzato alcuni file e abbiamo visto il processo di compilazione dell'applicazione. Nel prossimo capitolo partendo dal progetto appena creato inizieremo ad aggiungere funzionalità alla nostra app.

12. Guida Torino:

Navigazione e Liste

"Chi vuol muovere il mondo, prima muova se stesso."
Socrate

Costruiremo l'app seguendo il seguente approccio: prima le views, poi i models, poi gli stores e alla fine i controllers.

In questo capitolo implementeremo un Tab Panel che contiene due card. Nella prima card ci sarà la lista delle attrazioni, nella seconda card le attrazioni saranno posizionate sulla mappa grazie alle informazioni di latitudine e longitudine. In questo capitolo svilupperemo il codice relativo alle views della nostra applicazione.

Nella figura in basso potete vedere le schermate che realizzeremo. All'avvio dell'applicazione compare la lista delle attrazioni ottenuta facendo una richiesta grazie al protocollo jsonp. Cliccando sulla tab mappa vedremo le attrazioni posizionate sulla mappa e la nostra posizione indicata con un marker differente.

Figura 12.1 – App che si arriverà a costruire alla fine del capitolo 14.

12.1 TabPanel e navigazione

In questo paragrafo vedremo l'implementazione del TabPanel con le due card, la lista e la mappa. Cancellate il contenuto del vostro file *app/views/Main.js* e sostituitelo con il codice sotto:

```
Ext.define('ATOApp.view.Main', {
    extend: 'Ext.tab.Panel',
    xtype: 'main',
    requires: [

    ],
    config: {
        tabBarPosition: 'bottom',

        items: [
            {
                xtype:'listnavview',
```

```
            title: 'Lista',
            iconCls: 'list'
        },
        {

            xtype:'mapnavview',
            title: 'Mappa',
            iconCls: 'maps'
        }
    ]
  }
});
```

Nel codice sopra è stato definito un tab Panel:

```
extend: 'Ext.tab.Panel',
```

sono state inserite due card:

```
items: [
    {
        xtype:'listnavview',
        title: 'Lista',
        iconCls: 'list'
    },
    {

        xtype:'mapnavview',
        title: 'Mappa',
        iconCls: 'maps'
    }
]
```

Nella prima card sarà presentato l'oggetto listnavview e nella seconda, l'oggetto *mapnavview*. Con gli attributi *title* e *iconCls*, diamo un icona e una descrizione testuale della tab.

12.2 NavigationView : Navigare tra le schermate

Le card dovranno gestire anche una loro navigazione. Relativamente alla lista delle attrazioni, vogliamo che quando l'utente clicca su un elemento della lista si vada al dettaglio di quell'elemento. Questa funzionalità la otteniamo sfruttando la classe *Ext.navigation.View*.

L'architettura di navigazione per mezzo di *NavigationView* è molto usata nelle applicazioni Sencha Touch. Vediamo subito come implementarla.

All'interno della cartella view, create un nuovo file dandogli il nome *"ListNavView"* e copiate all'interno il codice sotto:

```
Ext.define('ATOApp.view.ListNavView', {
    extend: 'Ext.navigation.View',
    alias: 'widget.listnavview',


    config: {
        itemId: 'listnavviewitemid',
        defaultBackButtonText: 'Indietro',
        id: 'listnavview',
        autoDestroy: false,

        'Navigation Bar': false,

        items: [
            {
                xtype: 'attrazionilist'
            }
        ]
    }

});
```

Nel codice in alto, all'interno di *config*, configuriamo la nostra navigation view e inseriamo la prima card nella navigation view ossia "attrazionilist". Come per *Main.js*, con xtype: 'attrazionilist' stiamo istanziando l'oggetto *attrazionilist* che andremo a creare tra poco.

12.3 Liste e paradigma MVC

A questo punto creiamo tutto il necessario per visualizzare gli elmenti attraverso una lista. Nei capitoli precedenti abbiamo già imparato a gestire le liste, in questo capitolo implementeremo la gestione della lista secondo il paradigma MVC. Per iniziare definiamo il modello dati. Nella cartella *app/model*, create un nuovo file chiamandolo *AttrazioneModel* e copiate il codice sotto, che ormai abbiamo imparato a conoscere bene:

```
Ext.define('ATOApp.model.AttrazioneModel', {
    extend: 'Ext.data.Model',


    config: {
        fields: [
            {
                name: 'name',
                type: 'string'
            },
            {
                name: 'type',
                type: 'string'
            },
            {
                name: 'id',
                type: 'int'
            },
            {
                name: 'latitude',
                type: 'string'
            },
            {
                name: 'longitude',
                type: 'string'
            },
            {
```

```
            name: 'address',
            type: 'string'
        },
        {

            name: 'phone',
            type: 'string'
        }
    ]


    }
});
```

A questo punto definiamo uno store che useremo per salvare i dati presi dalla sorgente remota tramite il protocollo jsonp:

```
Ext.define('ATOApp.store.AttrazioniStore', {
    extend: 'Ext.data.Store',

    requires: [
        'ATOApp.model.AttrazioneModel'
    ],

    config: {
        autoLoad: true,
        model: 'ATOApp.model.AttrazioneModel',
        storeId:  "AttrazioniStore",
        proxy: {
            type: 'jsonp',
            url:
'http://www.appacademy.it/book/get.php',
            reader: {
                type: 'json',
                rootProperty: 'attractions'
            }
        },
        grouper: {
            property: 'type'
        }
    }
});
```

Anche per il codice dello store ormai non dovreste avere dubbi.

E' arrivato il momento di presentare i dati presenti nello store attraverso una lista. Nella cartella *app/view* create il file *AttrazioniList* e copiate il codice sotto:

```
Ext.define('ATOApp.view.AttrazioniList', {
    extend: 'Ext.dataview.List',
    alias: 'widget.attrazionilist',

    config: {
        store: "AttrazioniStore",
        grouped: true,
        variableHeights: true,
        itemId: "attrazioniListItemId",
        infinite: true,
        itemTpl: [
            '<div class="avatar"
style="background-image:
url(data/images/{id}.jpg)"></div>',
            '<h3>{name}</h3>',
            '<h4>{type}</h4>'
        ]
    },


    initialize: function() {
        this.config.title = ATOApp.app.title;

        this.callParent();
    }
});
```

La prima card del tab Panel è completata, ora passiamo alla realizzazione della card che deve presentare le informazioni di contatto.

12.4 InfoView

In basso il codice della view InfoView:

```
Ext.define('ATOApp.view.InfoView', {
extend: 'Ext.navigation.View',
alias: 'widget.infoview',
```

```
config: {
    itemId: 'infoview',
    items: [
    {
        title: 'Guida Torino: Info',

        styleHtmlContent: true,
        scrollable: true,

        html: [

            "<h2>Guida Torino</h2>"+
            "Per rimanere in contatto:
<br><br>"+

            "<b>facebook</b>:<br>"+
            "<a
href='https://www.facebook.com/appacademy.it/'>
www.facebook.com/appacademy.it/</a><br>"+
            "<b>email</b>:<br>"+
            "<a
href='mailto:cosimopalma@appacademy.it'>
cosimopalma@appacademy.it</a><br>"+
            "<b>linkedin</b>:<br>"+
            "<a
href='https://it.linkedin.com/in/cosimopalma'>
it.linkedin.com/in/cosimopalma</a><br>"+
            "<b>twitter</b>:<br>"+
            "<a
href='https://twitter.com/AppAcademyIT'>
https://twitter.com/AppAcademyIT</a>"
        ]
    }

  ]
}
});
```

12.5 ListNavController: Controller per la lista

E' arrivato il momento di costruire i controller. Possiamo avere un unico controller per tutto, ma per mantenere il codice manutenibile, creeremo un controller per ogni schermata che conterrà le funzioni per gestire quella schermata.

Nel caso della lista ci interessa gestire l'evento show della lista e l'evento *tap* su un item della lista.

```
Ext.define('ATOApp.controller.ListNavController
', {
    extend: 'Ext.app.Controller',

    config: {
        models: ['AttrazioneModel'],
        stores: ['AttrazioniStore'],
        views: [
            'ListNavView'
        ],

        refs: {

    listNav:'list[itemId="attrazioniListItemI
d"]',
        listNavView: '#listnavview'
        },
        control: {
            listNav: {
                itemtap: 'onListNavItemTap'
            },
            listNavView: {
                show: 'onListNavViewShow'
            }


        }
    },
```

```
onListNavItemTap: function(list, index,
target,        record,e, eOpts){
    console.log('onListNavItemTap ');

    console.log('hai cliccato su = '+
            record.data.name );
    console.log("Indice Oggetto cliccato =
" +        index);
},

onListNavViewShow: function(component,
eOpts) {
    console.log("onListNavViewShow");

    var navList = this.getListNavView();
    var currentCard =

navList.getActiveItem().getItemId();
    if(currentCard !=
"attrazioniListItemId"){
        navList.reset();
    }
    console.log("currentCard = " +
currentCard);

}

});
```

Nella sezione config del controller definiamo gli oggetti con i quali interagirà il controller:

```
config: {
    models: ['AttrazioneModel'],
    stores: ['AttrazioniStore'],
    views: [
        'ListNavView'
    ],
```

Successivamente definiamo i riferimenti con i componenti già definiti nella sezione view:

```
refs: {

    listNav:'list[itemId="attrazioniListItemI
d"]',
    listNavView: '#listnavview'
```

},

E nella parte dei controlli definiamo le funzioni collegate agli eventi. Ad esempio nella prima riga del listato subito sotto *listNav: { itemtap: 'onListNavItemTap'}*, stiamo definendo che quando l'utente farà un ta*p (itemtap)* sulla lista *listNav*, dove poco sopra avevamo creato il riferimento, questo evento dovrà essere gestito dalla funzione onListNavItemTap, che definiremo tra poco.

```
control: {
    listNav: {
        itemtap: 'onListNavItemTap'
    },
    listNavView: {
        show: 'onListNavViewShow'
    }
}
```

Quindi riassumento, nella sezione dei controlli ci stiamo mettendo all'ascolto dell'evento itemtap sull'oggetto *listNav* e dell'evento show sull'oggetto *listNavView*. Quando l'utente farà il tap su un elemento della lista verrà chiamata la funzione *"onListNavItemTap"* che dovremmo andare a definire. Allo stesso modo, quando viene mostrata la view *"ListNavView"* sarà chiamata la funzione *"onListNavViewShow"* che definiremo tra poco.

Al tap sull'item, per il momento, facciamo solo il log di alcune informazioni, come il fatto che è stato fatto il tap, il nome dell'item sul quale è stato fatto il tap e l'indice dello store al quale si trova l'elemento cliccato:

```
onListNavItemTap: function(list, index,
target,         record,e, eOpts){
    console.log('onListNavItemTap ');

    console.log('hai cliccato su = '+
            record.data.name );
    console.log("Indice Oggetto cliccato =
" +     index);

}
```

app.js

Se lanciate l'applicazione in questo momento non vi funzionerà ancora perché dobbiamo dichiarare tutto quello che abbiamo creato nei vettori models, stores, controllers, views:

```
models: [
    'AttrazioneModel',
],

stores: [
    'AttrazioniStore',
],

controllers:[
    'ListNavController'
],
views: [
    'Main',
    'ListNavView',
    'InfoView',
    'AttrazioniList'
]
```

12.6 Conclusioni

In questo capitolo abbiamo inserito un pò di concetti nuovi e gli esempi iniziano a diventare più impegnativi. Se c'è qualcosa di poco chiaro, riguardate con calma il capitolo. Abbiamo visto come creare una app con due tab, dove la prima tab ha un'ulteriore navigazione, che abbiamo gestito attraverso il componente navigationView.Nella prima card abbiamo inserito una lista che abbiamo gestito con il paradigma MVC, abbiamo scritto il controller per gestire le interazioni dell'utente con la lista.
Nella seconda card abbiamo inserito una scheda informativa dell'app

Nel prossimo capitolo realizzeremo la schermata di dettaglio e vedremo come lavorare con gli *XTemplate*.

13. Dettaglio: XTemplate e Navigation

"Non è come nasci, ma come muori, che rivela a quale popolo appartieni."
Alce Nero

In questo capitolo realizzeremo la schermata di dettaglio della nostra applicazione e implementeremo le funzioni per gestire le transizioni sugli eventi di tap sull'item della lista e tap sul marker nella mappa. Come al solito vediamo come prima cosa, l'applicazione che andremo a sviluppare in questo capitolo.

Figura 13.1 – Obiettivo da raggiungere alla fine di questo capitolo.

La schermata di dettaglio, dove impareremo a posizionare nel modo desiderato i componenti, vedremo come aprire applicazioni esterne come il browser, quando si cliccherà sull'icona Website e il telefono, quando si cliccherà sull'icona "Call" per chiamare il numero dell'attrazione attualmente visualizzata. Lavoreremo ancora con le mappe di Google sulle quali implementeremo la funzionalità di visualizzazione del percorso per arrivare al punto dove si trova l'attrazione partendo dalla posizione corrente. Realizzata la schermata di dettaglio, realizzeremo le transizioni dalla lista al dettaglio e viceversa. In seguito al tap dell'utente su un item della lista si passerà alla visualizzazione del dettaglio di quell'attrazione.

Figura 15.2 – Obiettivo da raggiungere alla fine di questo capitolo, la transizione tra la schermata lista e la schermata di visualizzazione del dettaglio dell'elemento cliccato.

Bene, ora che abbiamo le idee chiare non ci rimane che partire e implementare tutte le funzionalità che abbiamo descritto.

13.1 La view Dettaglio: XTemplate e passaggio parametri

Partiamo dalla creazione della view dettaglio. All'interno della cartella app/view create un nuovo file chiamato *Dettaglio.js*. Svilupperemo la nostra user interface usando i template. In Sencha Touch un template è un frammento di codice predefinito con dei placeholders. Sfruttando questi placeholder abbiamo la possibilità di inserire dati dinamicamente nel template.

Forse il concetto e ancora un pò ostico, ma il codice dovrebbe riuscire a fare chiarezza. Di seguito il codice della

view dettaglio. Iniziate a dare un'occhiata, dopo il codice ci
sono le spiegazioni.

```
Ext.define('ATOApp.view.Dettaglio', {
    extend: 'Ext.Panel',
    alias: 'widget.dettaglio',

    requires: [
        'ATOApp.controller.DettaglioController'
    ],


    config: {
        itemId: 'dettaglioView',
        id: 'userData',
        cls : 'transparent details-info',
        style:'background-color: red',
        scrollable : true,

        tpl: Ext.create("Ext.XTemplate",
            '<div class="block content" >',
                '<div class="container">',
                    '<div class="avatar_big"
style="background-image:
url(data/images/{id}.jpg)"></div>',
                    '<div
class="name">{name}</div>',
                    '<div
class="address">{type}</div>',
                    '<div

    class="address">{address}</div>',
                    '</div>',
                '<div class="actions">',
                '<div class="website">',
                '<a href={web}>',
                    '<div
class="icon"></div>',
                        '<div
class="text">Website</div>',
                    '</a>',
                '</div>',
                '<div class="phone">',
                    '<a href="tel:{phone}">',
```

```
                    '<div
class="icon"></div>',
                    '<div
class="text">Call</div>',
                    '</a>',
                    '</div>',
                    '</div>',

                    '<div class="block
map"></div>',{}),
    }

});
```

Come dicevamo realizziamo l'interfaccia utente con un template, in particolare sfruttiamo la classe *Xtemplate* di Sencha Touch che abbiamo iniziato a conoscere nei primi capitoli. Attraverso l'attributo *"tpl"* passiamo il nostro template che è un'istanza di *Ext.Xtemplate*.

Ancora un pò di confusione forse, vero ?

Vediamo se analizzando l'esempio le cose iniziano ad essere più chiare. All'interno del template scriviamo normale codice html, che richiamerà classi utili alla presentazione che scriveremo nel CSS. Il codice html presenta due macro-blocchi, il primo che contiene il contenuto e il secondo la mappa. Nel primo blocco (block content) useremo altri due div per presentare le informazioni. L'immagine sotto dovrebbe chiarire il concetto.

Figura 13.3 – La schermata di dettaglio scomposta in blocchi.

Per inserire le classi css necessarie creiamo un file style.css all'interno della cartella resources/css. Per tutti gli approfondimenti relativi alle classi css rimando al foglio di stile style.css. Invece qui cerchiamo di capire come passare dinamicamente i dati al template.

Abbiamo visto che grazie al model (AttrazioneModel) e allo store (AttrazioniStore) siamo in grado di prendere i dati da una sorgente remota o locale e averli disponibili all'interno della nostra applicazione. Sarà compito del controllo gestire questi dati. Il concetto nuovo che voglio introdurre in questo paragrafo è il metodo **setData(data)** della classe Ext.Panel Ext.Panel-method-setData. Attraverso questo metodo è possibile passare al pannello tutti i dati necessari per aggiornare le informazioni visualizzate. Nel template abbiamo già preparato i placeholders: {name}, {type}, {address},.. non ci rimane altro che riempire il vettore **data** con queste variabili aggiornate.

Aggiungete la view Dettaglio nel vettore delle view di app.js:

```
views: [
        'Main',
        'ListNavView',
        'MapNavView',
        'AttrazioniList',
        'Dettaglio'
    ],
```

13.2 Dettaglio: il model

Prima di vedere come sfruttare il metodo *setData(data)* nel controller della view Dettaglio, facciamo una piccolo modifica al model: AttrazioneModel.

Nelle specifiche di questa view abbiamo visto che siamo interessati al sito web dell'attrazione, ma nel modello non abbiam ancora inserito questo campo.

Nel json acquisito dal servizio remoto, ogni attrazione contiene le seguenti informazioni:

```
{
    "attractions": [
        {
            "id": 1,
```

```
            "name": "Museo del cinema di
Torino",
            "type": "Museo",
            "latitude": 45.0693174,
            "longitude": 7.69304484,
            "address": "Via Montebello, 20 -
10124
    Torino",
            "phone": "+390118138511",
            "img":
"http://www.appacademy.it/book/attrazioniTorino
/1.jpg",
            "web": "http://www.museocinema.it/"
        },

    ...
```

Quindi se siamo interessati a gestire anche il campo web, AttrazioneModel avrà anche il campo per il web. Riporto il codice di AttrazioneModel.js

```
Ext.define('ATOApp.model.AttrazioneModel', {
    extend: 'Ext.data.Model',


    config: {
        fields: [
            {
                name: 'name',
                type: 'string'
            },
            {
                name: 'type',
                type: 'string'
            },
            {
                name: 'id',
                type: 'int'
            },
            {
                name: 'latitude',
                type: 'string'
            },
            {
                name: 'longitude',
                type: 'string'
```

```
        },
        {
            name: 'address',
            type: 'string'
        },
        {

            name: 'phone',
            type: 'string'
        },
        {

            name: 'web',
            type: 'string'
        }
    ]


    }
});
```

Aggiungete questo campo e passiamo ora al controller.

13.3 Dettaglio: il controller

Nella   cartella   app/controller   create   il   file
DettaglioController.js. In questo controller vogliamo caricare il
vettore data con le informazioni di:

- id

- name

- type

- address

- phone

- web

presenti nel json e poi passare questo vettore al panel
Dettaglio. Vogliamo inoltre creare una mappa che sarà
visualizzata nel div map del panel Dettaglio, nella quale

presentiamo la distanza tra la posizione corrente dell'utente che stà usando l'applicazione e la destinazione. Iniziamo a fare tutte le impostazioni sopra descritto sull'evento show del panel Dettaglio. Quindi il controller sarà all'ascolto dell'evento show del panel dettaglio e quando si verifica questo evento chiamera la funzione "onDettaglioShow" nella quale andremo a svolgere tutti i compiti sopra descritti. Prima di lasciarvi il codice del controller sul quale andare a fare le riflessioni, pensiamo ad un aspetto, che mi permetterà di introdurvi un concetto nuovo, come fa il controller del dettaglio a conoscere quale item della lista è stato selezionato ? o quale marker della mappa è stato selezionato ?

Per passare questa informazione usiamo una variabile globale che viene settata con l'indice dell'elemento selezionato. Il set di questa variabile viene fatto quando si selezione l'item o quando si seleziona un marker. In entrambi i casi stiamo facendo riferimento allo stesso store, Quindi nel controller del dettaglio attraverso quell'indice possiamo sapere quale elemento è stato selezionato e quindi ricavare tutte le informazioni necessarie per il nostro template del panel. Fatto il quadro generale vediamo come dichiarare una variabile globale.

13.3.1 Dichiarazione di variabili globali

Una variabile globale si dichiara all'interno di app.js e precisamente all'interno di *Ext.application* nel seguente modo:

```
Ext.application({
    name: 'ATOApp',
    title: 'Attrazioni Torino',

    indexSelezione: 0,

    ...
```

indexSelezione è la nostra variabile globale ed è impostata al valore iniziale 0.

13.3.2 Set di variabili globali

Ora che la variabile globale è definita e il momento di settarla al tap sull'item della lista. Nel file *app/controller/ListNavController.js* inserite la riga sotto nella funzione *onListNavItemTap*:

```
ATOApp.app.indexSelezione = index;
```

Notate il fatto che stiamo facendo riferimento alla variabile globale con un path assoluto. La vostra funzione onListNavItemTap dovrebbe essere a questo putno così:

```
onListNavItemTap: function(list, index,
target, record,e, eOpts){
        console.log('onListNavItemTap ');

        console.log('hai cliccato su = '+
record.data.name );
        console.log("Indice Oggetto cliccato =
" + index);

        ATOApp.app.indexSelezione = index;

},
```

Nella prima parte della funzione *onDettaglioShow*, ricaviamo l'indice dell'elmento selezionato andando a leggere la variabile globale *indexSelezione*.

```
index = ATOApp.app.indexSelezione;
```

Usiamo questo indice per prendere dallo store *AttrazioniStore* tutte le informazioni che ci interessano.

```
var id =
Ext.getStore('AttrazioniStore').getAt(index).ge
t('id');
var name =
Ext.getStore('AttrazioniStore').getAt(index)
    .get('name');
```

```
var type =
Ext.getStore('AttrazioniStore').getAt(index)
     .get('type');
var address =
Ext.getStore('AttrazioniStore').getAt(index)
        .get('address');
var phone =
Ext.getStore('AttrazioniStore').getAt(index)
     .get('phone');
var latitude =
     Ext.getStore('AttrazioniStore').getAt(ind
ex)
        .get('latitude');
var longitude =
     Ext.getStore('AttrazioniStore').getAt(ind
ex)
        .get('longitude');
var web =
Ext.getStore('AttrazioniStore').getAt(index)
     .get('web');
```

Per vedere se tutto và bene, con le istruzioni di seguito presentiamo i log delle varibili ricavate:

```
console.log("id = " + id);
console.log("name = " + name);
console.log("type = " + type);
console.log("address = " + address);
console.log("phone = " + phone);
console.log("web = " + web);
```

e finalmente salviamo le variabili nel vettore associativo data:

```
var data = {
    id: id,
    name: name,
    type: type,
    address: address,
    phone: phone,
    web:web
};
```

A questo punto non ci rimane che passarle al panel
Dettaglio. Come facciamo ? Prendiamo il riferimento a questo
panel andando a prendere il componente con id a "userData".

```
var homepanel = Ext.getCmp('userData');
```

Dopodichè, essendo homepanel un componente di tipo
Ext.Panel, usiamo il suo metodo setData per passargli i dati che
abbiamo appena ricavato:

```
homepanel.setData(data);
```

Il primo obiettivo di questo controller lo abbiamo
raggiunto, ora dobbiamo presentare la mappa nel div "map"
che abbiamo già preparato nel template.

Creiamo un oggetto di tipo *Ext.Map* e impostiamo la sua
proprietà *renderTo* a:

```
renderTo:
Ext.getCmp('userData').element.down('.map'),
```

In pratica stiamo dicendo di prendere il pannello e di
questo pannello l'elemento "map", che si trova un livello di
profondità più in basso.

```
Ext.create('Ext.Map', {
        renderTo:
Ext.getCmp('userData').element.down('.map'),
        height: 140,
        mapOptions: {
    zoom: 15
    },
```

Creato il componente aggiungiamo i listeners. In
particolare vogliamo fare delle operazioni sull'evento
"maprender".

```
listeners: {
        maprender: function (mapCmp,
gMap) {
            this.gmap = gMap;
```

Quando si verifica questo evento vogliamo acquisire la posizione di partenza e segnarla con un marker:

```
navigator.geolocation.getCurrentPosition(
    function(position) {
        var start = new
google.maps.LatLng(position.coords.latitude,pos
ition.coords.longitude);
            console.log(start);
            var marker = new
google.maps.Marker({
                map: gMap,
                position: start,
                icon:
'resources/images/currentlocation.png'
            });
```

Per acquisire la posizione di partenza, abbiamo sfruttato la funzione *navigator.geolocation.getCurrentPosition(..)*.

Successivamente ricaviamo il punto di destinazione sulla mappa di Google, grazie alle informazioni di latitudine e longitudine:

```
        var end = new
google.maps.LatLng(latitude, longitude);
```

Quindi tracciamo la direzione tra i due punti:

```
    var directionsDisplay = new

google.maps.DirectionsRenderer();
    var directionsService = new

google.maps.DirectionsService();

directionsDisplay.setMap(gMap);

        var request = {
                origin:start,
                destination:end,
                travelMode:

google.maps.DirectionsTravelMode.DRIVING
```

```
                        };

    directionsService.route(request,
            function(response,status) {
            if (status ==

    google.maps.DirectionsStatus.OK)
                {

    directionsDisplay.setDirections(response)
;
                        }
                    });

                marker.setMap(null);

            });


                var position = new

    google.maps.LatLng(latitude,
                        longitude);
                    Ext.defer(function () {

mapCmp.setMapCenter(position);
                    }, 100);

                var marker = new

    google.maps.Marker({
                    map: gMap,
                    position: position,
                    icon:
'resources/images/marker.png'
                    });
                    marker.setMap(null);


            }
        }
    })
```

Aggiungente dettaglioController al vettore "controllers" in
app.js:

```
controllers:[
    'MapNavController',
    'ListNavController',
    'DettaglioController'
],
```

13.4 NavigationView: push

Non ci rimane che sfruttare le NavigationView che già abbiamo costruito per andare alla schermata di dettaglio quando si seleziona un elemento della lista.

Abbiamo già visto che la navigationView funziona come una stack, quindi per andare in un'altra card useremo il suo metodo push. Quindi:

```
onListNavItemTap: function(list, index,
target, record,e, eOpts){
    console.log('onListNavItemTap ');

    console.log('hai cliccato su = '+
            record.data.name );
    console.log("Indice Oggetto cliccato =
" + index);

    ATOApp.app.indexSelezione = index;

    var navElm = this.getListNavView();
    navElm.push({
        xtype: 'dettaglio',
        title: record.data.name
    });

},
```

E sempre nel listener dei marker :

```
        google.maps.event.addListener(marker,
'click',                function() {
        var i = store.indexOf(item);
```

```
console.log("Clic sul marker");
console.log(item);

ATOApp.app.indexSelezione = i;

var navElm =
    ATOApp.app.getController('MapNavControlle
r').getMapNavView();
        navElm.push({
            xtype: 'dettaglio',
            title: item.get('name')
    });
```

A questo punto potete eseguire l'applicazione. Provate a navigare avanti e indietro tra le schermate. Nota se non vedete una schermata come quella della figura sotto probabilmente non avete linkato il foglio di stile, *style.css*, dalla pagina *index.html*.

In *index.html*, all'interno del tag head inserite:

```
<link rel="stylesheet" type="text/css"
href="resources/css/style.css">
```

A questo punto dovreste vedere la schermata correttamente. Se la questione degli stile non è chiara non vi preoccupate, dedicherò un capitolo per approfondire temi e stili.

Figura 13.4 – La schermata di dettaglio realizzata in questo capitolo.

13.5 Conclusioni

In questo capitolo abbiamo fatto un bel pò di passi avanti nella conoscenza di Sencha Touch. Abbiamo imparato ad utilizzare i template e a passare le informazioni ai template per realizzare delle schermate dinamiche. Abbiamo visto come navigare da una schermata ad un'altra attraverso la navigationView. Abbiamo visto come chiamare altre applicazioni, come ad esempio il telefono o il browser e abbiamo imparato interessanti funzionalità delle mappe di Google.

E' un capitolo molto carico di informazioni, prendete il tempo necessario per acquisirle. Nel prossimo capitolo vedremo come cambiare lo stile della nostra applicazione, come creare un tema e come ottimizzare le prestazioni.

14.   Temi e Stili

"Il futuro appartiene a coloro che credono nella bellezza dei propri sogni"
Eleanor Roosevelt

Costruire una bella applicazione mobile non significa solo pensare alla qualità del codice. La maggior parte delle applicazioni di successo hanno una grande personalità, creata grazie ad un ottimo uso di colori, proporzioni, font, ecc.

Sencha Touch permette di dare un grande identità visuale alle applicazioni sfruttando i CSS. In questo capitolo vedremo come come personalizzare il look and feel delle nostre applicazioni.

14.1 Overview su temi e stili in Sencha Touch

Dalla versione 2.3 di Sencha Touch, il framework ha diversi fogli di stile che permettono di creare un design e un'esperienza utente identica a quella delle applicazioni native dei dispositivi più diffusi. Inoltre quando create una production build dell' app e la "hostate" sul Web, è comunque possibile un switcher di Sencha che permette di cambiare l'esperienza utente in base al dispositivo dal quale ci si collega alla webapp. Ad esempio è possibile fare in modo che venga usato il foglio di stile BB10 quando l'applicazione viene fruita da un BlackBerry e invece mostrare il folgio di stile di Windows quando l'applicazione e fruita da dispositivi Windows.

Nella cartella resouces/css trovate tutti i temi messi a disposizione da Sencha Touch.

Figura 14.1 – Cartella con i temi messi a disposizione da Sencha Touch.

Per vedere come cambia l'interfaccia utente a seconda del tema scelto potete fare un pò di prove andando a modificare i temi dell'applicazione di esempio **kitchensink**, di seguito le immagini di alcuni temi:

Figura 14.2 – Tema Sencha.

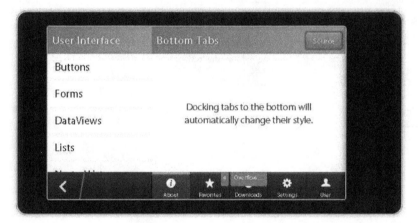

Figura 14.3 – Tema BlackBerry.

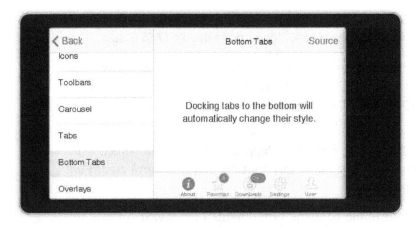

Figura 14.4 – Tema Cupertino.

Quindi una prima strategia per personalizzare le nostre applicazioni è quella di partire da uno dei temi visti sopra e inserire le personalizzazioni al CSS.

14.2 Sass

Sass stà per "syntactically awsome style sheets" ed è un linguaggio per estendere i CSS. Sass permette di creare fogli di stile dinamicamente, per intenderci non ci sarà bisogno di sovrascrivere classi esistenti con il noto *!imporant*.

Sass è un preprocessore, significa che i file Sass per produrre come risultato finale i CSS. Quindi come prima cosa per poter compilare i file Sass avremo bisogno di un compilatore. E' possibile compilare i file .sass usando Sass a Compass installati insieme a Ruby, se avete installato tutto il software consigliato nel primo capitolo, dovreste avere già tutto l'occorrente sulla vostra macchina. Come alternativa potete usare il comando "Sencha app build" che compilerà tutto è quindi anche i file .sass.

Sass ha due sintassi. Quella più comunemente usata è nota come SCSS (stà per Sassy CSS), è un'estensione della sintassi CSS3. Ogni foglio di stile CSS3 valido, sarà valido anche per SCSS. L'estensione dei file SCSSS è .scss. La seconda sintassi è più vecchia della prima. L'estenzione dei file SASS è .sass.

Per costruire un tema Sencha è possibile combinare la sintassi del CSS3 con le caratteristiche del Sass. Nei prossimi paragrafi vedremo come creare un tema custom con font e icone personalizzate.

Quando si genera un'applicazione Sencha Touch con Sencha Cmd, nella directory root del progetto verrà creato un file app.json.

Questo file contiene i riferimenti a file JavaScript esterni, informazioni su come gestire la cache e i riferimenti ai fogli di stile da usare.

Di default è linkato il file app.css presente nella cartella *resources/css/*. Si tratta di un css che può essere cambiato facilmente attraverso Sass.

```
"css": [
        {
                "path": "resources/css/app.css",
                "update": "delta"
        }
```

14.3 Presentare un Tema diverso in base al device

E' possibile fare in modo che Sencha Touch determini la piattaforma e visualizzi le risorse corrispondenti. Nell'esempio seguente verrà mostrato un tema diverso in base al dispositivo dal quale ci si collega:

```
"css": [{
    "path": "touch/resources/css/sencha-
touch.css",
        "platform": ["desktop", "firefox"],
```

```
            "theme": "Default",
            "update": "delta"
      },
      {
            "path": "touch/resources/css/wp.css",
            "platform": ["ie10"],
            "theme": "Windows",
            "update": "delta"
      },
      {
            "path": "touch/resources/css/bb10.css",
            "platform": ["blackberry"],
            "theme": "Blackberry",
            "update": "delta"
      },
      {
            "path":
"touch/resources/css/cupertino.css",
            "platform": ["ios"],
            "theme": "Cupertino",
            "update": "delta"
      },
      {
            "path":
"touch/resources/css/mountainview.css",
            "platform": ["android"],
            "theme": "MountainView",
            "update": "delta"
      },
      {
            "path":
"touch/resources/css/tizen.css",
            "platform": ["tizen"],
            "theme": "Tizen",
            "update": "delta"
      }
],
```

Nell'esempio appena presentato l'utente vedrà un'applicazione che si presenterà in modo diverso a seconda del dispositivo dal quale l'utente si collegherà per fruire l'applicazione.

14.4 Creazione del proprio tema

Quando viene generata un'applicazione con Sencha Cmd verrà generato anche un tema vuoto. Potete trovare questo tema in resources/sass e il suo nome è app.scss. Sempre nella cartella sass potete trovare il file config.rb, questo file contiene una serie di percorsi all'interno del framework dove trovare risorse come css, immagini, ecc. Nella cartella *resources/stylesheets/fonts* potete trovare i fonts usati dall'applicazione.

```
# Get the directory that this configuration
file exists in
dir = File.dirname(__FILE__)

# Load the sencha-touch framework
automatically.
load File.join(dir, '..', '..', 'touch',
'resources', 'themes')

# Compass configurations
sass_path = dir
css_path = File.join(dir, "..", "css")

# Require any additional compass plugins here.
images_dir = File.join(dir, "..", "images")
output_style = :compressed
environment = :production
```

Il tema vuoto invece si presenta così:

```
// The following two lines import the default
Sencha Touch theme. If you are building
// a new theme, remove them and the add your
own CSS on top of the base CSS (which
// is already included in your app.json file).
@import 'sencha-touch/default';
@import 'sencha-touch/default/all';

// Custom code goes here..

// Examples of using the icon mixin:
```

```
// @include icon('user');
```

Il codice sopra importa le variabile sass e i mixins dalla cartella default di resources, che si trova in *touch\resources\themes\stylesheets\sencha-touch\default*.

Prima di questi import, possiamo definire le nostre variabile custom, style e mixins.

Dopo aver modificato questo file dovremo compilarlo per vederne gli effetti, dalla cartella resources/sass dovrete lanciare il comando:

sencha ant sass

Oppure potete usare sencha app watch che ad ogni modifica della vostra applicazione fa una build ricompilando anche i file sass.

Se lo stile che si intendete dare alla vostra applicazione è più vicino ad un altro tema tra quelli presenti nella cartella *touch\resources\themes\stylesheets\sencha-touch*, ad esempio Windows, BlackBerry, ecc, potete estendere quel tema anziché il tema di default.

Ad esempio per estendere il tema Windows partirete da:

```
@import 'sencha-touch/windows';
@import 'sencha-touch/windows/all';
```

O se intendete estendere il tema BlackBerry partirete da:

```
@import 'sencha-touch/bb10';
@import 'sencha-touch/bb10/all';
```

Per personalizzare un tema si può partire con il modificare le variabili css globali. Per sapere quali sono tutte le variabili css globali fate riferimento a http://docs.sencha.com/touch/2.4/2.4.1-apidocs/#!/api/Global_CSS

Ad esempio cambiando il valore di base-color, definirete un nuovo colore principale per il tema.

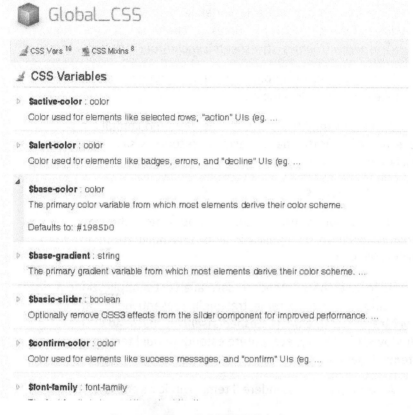

Figura 14.5 – Variabili CSS Global.

Proviamo a modificare questa variabile sulla nostra applicazione per iniziare a prendere confidenza con il processo. Scegliamo di compilare con sencha app watch, quindi aprite un prompt dei comandi entrate nella cartella principale dell'applicazione e lanciate il comando sencha app watch. Lasciate aperta la finestra e andiamo a modificare il file del app.scss. Prima di iniziare premetto che in questo capito vedremo gli aspetti di Sass che ci serviranno per modificare la presentazione della nostra applicazione e gli aspetti connessi con Sencha Touch, non sarà esaustivo, per apprifondire il linguaggio sass rimando ad una quida online: http://sass-lang.com/guide .

Bene, Fatta la doverosa premessa è ora di partire. Aprite il file app.scss e modificatelo come segue:

```scss
$base-color: rgba(101,31,33,1);

@import 'sencha-touch/default';
@import 'sencha-touch/default/all';
```

Abbiamo inserito solo una nuova riga $base-color: rgba(101,31,33,1); nella quale abbiamo definito il colore granata come colore principale. Se tutto ha funzionato a dovere nella finestra dove avete lanciato il comando sencha app watch dovreste vedere che al salvataggio del vostro file è partito un processo di compilazione. Quindi a voi non rimane altro andare a vedere il risultato:

Figura 14.6 – Applicazione con prime modifiche al tema.

Potete anche definire delle variabili all'interno di *app.scss*:

```
$granata: rgba(101,31,33,1);

$base-color: $granata;

@import 'sencha-touch/default';
@import 'sencha-touch/default/all';
```

Provate a sperimentare con modificando valori di altre variabili globali.

Altre variabili css che possiamo modificare per creare il tema obiettivo sono le variabili css proprie dei componenti. Nella nostra applicazione abbiamo usato una lista, se vogliamo modificare l'aspetta di questa lista possiamo partire facendo riferimento alle sue variabile css che troviamo definite all'indirizzo: http://docs.sencha.com/touch/2.4/2.4.2-apidocs/#!/api/Ext.dataview.List e poi navigando CSS Vars. Possiamo modificare alcuni paramentri della lista come segue:

```
$granata: rgba(101,31,33,1);
$base-color: $granata;


// LISTS
$list-bg-color: #F0F0F0;
$list-color:$granata;

@import 'sencha-touch/default';
@import 'sencha-touch/default/all';
```

Ad esempio se volete personalizzare una lista, potete andare a modificare le varibile css di quest'oggetto, le trovate http://docs.sencha.com/touch/2.4/2.4.1-apidocs/#!/api/Ext.dataview.List

```
$granata: rgba(101,31,33,1);
$base-color: $granata;


// LISTS
$list-bg-color: #F0F0F0;
$list-color:$granata;

@import 'sencha-touch/default';
@import 'sencha-touch/default/all';
```

Possiamo ancora andare a sovrascrivere con del codice costum gli oggetti css dei componenti. Supponiamo di voler cambiare il colore del testo dei gruppi (Borgo, Costruzione storica, ..), nella sezione che inizia con "Custom code goes here .." adiamo a sovrascrivere la proprietà:

```scss
$granata: rgba(101,31,33,1);
$base-color: $granata;


// LISTS
$list-bg-color: #F0F0F0;
$list-color:$granata;

@import 'sencha-touch/default';
@import 'sencha-touch/default/all';

// Custom code goes here..
.x-list-normal .x-list-header{
    color: #ffffff;
}
```

Con i concetti visti fin qua potete modificare molte cose del tema, nei prossimi paragrafi vedremo come modificare fonts e icone.

14.5 Inserire dei font personalizzati

Per inserire font personalizzato nel tema il primo passo e avere il font. Il font può avere diverse estensioni, eot, woff, ttf, svg. Se per il vostro font avete le diverse estensioni li potete collegare così dal file app.scss, supponendo che il vostro font si chiami torino:

```scss
@font-face {
  font-family: 'torino';
  src: url(' myfonts/torino.eot'),
       url(' myfonts/torino.woff')
format('woff'),
       url(' myfonts/torino.ttf')
format('truetype'),
```

```
       url(' myfonts/torino.svg')
format('svg');
   font-weight: normal;
   font-style: normal;
}
```

Vediamo di mettere in pratica quello che abbiamo imparato. Per scegliere un font per la vostra applicazione potete scegliere nei tanti siti di font gratuiti come ad esempio http://www.1001freefonts.com/, ma ci sono moltissimi altri. Scegliete quello che più si adatta alla vostra applicazione e scaricatelo.

Dopo averlo scaricato mettetelo in una cartella resources\css\myfont

A questo punto dobbiamo linkarlo e utilizzarlo nel nostro css (app.scss che una volta compilato diventerà app.css e verrà copiato in resources\css). Di seguito il file app.scss.

```
@font-face {
   font-family: 'torino';
   src: url('myfont/torino.ttf')
format('truetype');
   font-weight: bold;
   font-style: normal;
}

$granata: rgba(101,31,33,1);
$base-color: $granata;


// LISTS
$list-bg-color: #F0F0F0;
$list-color:$granata;

@import 'sencha-touch/default';
@import 'sencha-touch/default/all';

// Custom code goes here..
.x-list-normal .x-list-header{
    color: #ffffff;
}

.x-title .x-innerhtml {
```

```
    font-family: torino;
    line-height: 1em;
    font-size: 1.7em;
}
```

Nell'applicazione il font personalizzato è stato usato per la classe x-title e x-innerhtml. Ricordate di compilare ad esempio usando sencha app watch. Il risultato che dovreste vedere dovrebbe essere il seguente:

Figura 14.7 – Applicazione con i font personalizzati.

14.6 Ottimizzare il foglio di stile per migliorare le prestazioni

Quando si inizia a creare un tema personalizzato la dimensione del CSS può crescere molto facilmente, e questo aspetto si riflette negativamente sulle performance dell'applicazione. L'obiettievo è ridurre per quanto possibile le dimensioni dell'applicazione. Teniamo sempre a mente che la web app è fruita soprattutto da terminali mobile che solitamente sfruttano una connessione dove ogni byte è importante.

Minimizzare il foglio di stile

Una prima cosa che si può fare per ridurre il CSS è quella di impostare l'opzione *compressed*. Il risultato sarà un testo di difficile lettura perché non conterrà spazi di separazione, via scelta la rappresentazione minima per i colori, vengono rimossi i commenti ecc.., ma le dimensioni del file saranno minori rispetto al CSS non compresso. L'opzione và inserita nel file config.rb che si trova nella cartella *resources/sass/*

```
# Get the directory that this configuration
file exists in
dir = File.dirname(__FILE__)

# Load the sencha-touch framework
automatically.
load File.join(dir, '..', '..', 'touch',
'resources', 'themes')

# Compass configurations
sass_path = dir
css_path = File.join(dir, "..", "css")

# Require any additional compass plugins here.
images_dir = File.join(dir, "..", "images")
output_style = :compressed
environment = :production
```

Importare solo i Mixins necessari

Un altro accorgimento che ci può far ridurre le dimensione della nostra applicazione è quello di di non importare tutti i mixins del framework. Solitamente la nostra applicazione non andrà ad usare tutti i componenti e relativi mixins offerti dal framework, quindi possiamo pensare di importare solo i mixins dei componenti che effettivamente stiamo usando nella nostra applicazione.

Nel file app.scss al momento stiamo importando tutti i componenti del framework per il fatto che stiamo usando le seguenti righe:

```
@import 'sencha-touch/default';
@import 'sencha-touch/default/all';
```

Condiviso il fatto che è meglio importare quello che ci serve, il passo successivo è come faccio a sapere cosa importare ? Una tecnica che potete usare è quella di avviare "sencha app watch" in modo da tenere sotto controllo se qualche compilazione fallisce per le modifiche che andremo a fare di seguito. Commentate la seconda riga sopra e inserite la lista dei componenti dichiarata esplicitamente.

A questo punto probabilmente vi starete facendo la seguente domanda: Dove trovo la lista di questi componenti ? Dovete andare a cercare il file "_all.scss" all'interno del framework e precisamente in questa cartella:

resources\themes\stylesheets\sencha-touch\default\src

Fate attenzione al fatto che stiamo cercando nella cartella di "default" perchè siamo partiti ad estendere quel tema. Dovreste trovarvi una lista come la seguente:

```
@import 'Class';
@import 'Button';
@import 'Panel';
@import 'Sheet';
```

```scss
@import 'MessageBox';
@import 'Toolbar';
@import 'Toast';
@import 'Menu';
@import 'carousel/Carousel';
@import 'form/Panel';
@import 'form/FieldSet';
@import 'field/Field';
@import 'field/Checkbox';
@import 'field/Radio';
@import 'field/Search';
@import 'field/Select';
@import 'field/Slider';
@import 'field/Spinner';
@import 'field/TextArea';
@import 'dataview/IndexBar';
@import 'dataview/List';
@import 'picker/Picker';
@import 'plugin/ListPaging';
@import 'plugin/PullRefresh';
@import 'slider/Slider';
@import 'slider/Toggle';
@import 'tab/Panel';
```

E' questa la lista che ci serve, per utilizzarla all'interno di app.scss dovremo mettere dei path che identificano anche il tema. La lista diventerà così:

```scss
@import 'sencha-touch/default/src/_Class.scss';
@import 'sencha-touch/default/src/_Button.scss';
@import 'sencha-touch/default/src/_Panel.scss';
@import 'sencha-touch/default/src/_Sheet.scss';
@import 'sencha-touch/default/src/_MessageBox.scss';
@import 'sencha-touch/default/src/_Toolbar.scss';
@import 'sencha-touch/default/src/_Menu.scss';
@import 'sencha-touch/default/src/carousel/_Carousel.scss';
@import 'sencha-touch/default/src/form/_Panel.scss';
@import 'sencha-touch/default/src/form/_FieldSet.scss';
```

```scss
@import 'sencha-
touch/default/src/field/_Field';
@import 'sencha-
touch/default/src/field/_Checkbox.scss';
@import 'sencha-
touch/default/src/field/_Radio.scss';
@import 'sencha-
touch/default/src/field/_Search.scss';
@import 'sencha-
touch/default/src/field/_Select.scss';
@import 'sencha-
touch/default/src/field/_Slider.scss';
@import 'sencha-
touch/default/src/field/_Spinner.scss';
@import 'sencha-
touch/default/src/field/_TextArea.scss';
@import 'sencha-
touch/default/src/dataview/_IndexBar.scss';
@import 'sencha-
touch/default/src/dataview/_List.scss';
@import 'sencha-
touch/default/src/picker/_Picker.scss';
@import 'sencha-
touch/default/src/plugin/_ListPaging.scss';
@import 'sencha-
touch/default/src/plugin/_PullRefresh.scss';
@import 'sencha-
touch/default/src/slider/_Slider.scss';
@import 'sencha-
touch/default/src/slider/_Toggle.scss';
@import 'sencha-
touch/default/src/tab/_Panel.scss';
```

Inserite questa lista in app.scss e verificate che la compilazione vada a buon fine. Se fin qui è andato tutto bene, iniziate a commentare le righe dei componenti che secondo voi non usate e procedete avanti così verificando che volta che la compilazione avvenga sempre con successo. Al termine di queste operazioni vi ritroverete solo in mixins dei componenti che effettivamente servono alla vostra applicazione.

14.7 Conclusioni

In questo capitolo abbiamo visto diverse tecniche per personalizzare e ottimizzare le applicazioni sviluppate con Sencha Touch. Ormai siete in grado di creare una applicazione Sencha Touch già con un bel grado di complessità. Nel prossimo capitolo vedremo diverse strade per creare un pacchetto nativo da poter installare sulle più diffuse piattaforme mobile: Apple iOS, Android e Windows Phone.

Parte 3:

Creazione dei pacchetti per Android, iOS e Windows

Capitolo 15. **Creare un pacchetto nativo**. Vedremo diverse metodologie per creare pacchetti nativi. Vedremo come creare i nostri pacchetti nativi anche senza avere installatto l'sdk del sistema operativo per il quale vogliamo creare l'applicazione. Ossia vedremo come creare un app per iOS senza avere un Mac e relativo sdk (xCode) installati, discorso equivalente per le altre piattaforme.

15. Creare un pacchetto nativo

"L'esperienza è il tipo di insegnante più difficile. Prima ti fà l'esame, e poi ti spiega la lezione."

Arrivati a questo punto abbiamo sviluppato la nostra applicazione e dovreste aver acquisito le conoscenze necessaria per progettare e implementare un webapp tutta vostra partendo da una vostra idea. Ci manca l'ultimo punto per chiudere il cerchio, la creazione di un pacchetto nativo partendo dall'app fin qui sviluppata. Supponiamo di voler distribuire la nostra app su Google Play, su App Store o sugli store di Microsoft e BlackBerry, abbiamo bisogno dei pacchetti nativi per ciascuno store.

Per creare un pacchetto nativo partendo da codice sviluppato in Sencha Touch si possono usare tre prodotti e diversi metodi:

- Sencha Mobile Packager

- Adobe PhoneGap

- Apache Cordova

Tutti i prodotti sopra elencati sono supportati dalle API si Sencha che permettono di accedere alle risorse hardware. Vediamo le differenze tra le diverse soluzioni.

Di seguito vedremo diverse metodologie per creare pacchetti nativi sfruttando gli strumenti elencati sopra e vedremo come creare i nostri pacchetti nativi anche senza avere installatto l'sdk del sistema operativo per il quale vogliamo creare l'applicazione. Ossia vedremo come creare un app per iOS senza avere un Mac e relativo sdk (xCode) installati, discorso equivalente per le altre piattaforme. Ma penso che non vediate l'ora di produrre il vostro pacchetto da distribuire o da consegnare ai clienti, quindi passiamo subito alla pratica andando a scoprire le opportunità a disposizione.

15.1 Build dell'applicazione

Per creare il pacchetto nativo dovremo passare in tutti i casi dalla build dell'applicazione. Abbiamo già visto come fare la build production, di seguito aggiungerò altri concetti che vi saranno utili quando vorrete combiare le icone o gli splash screen di default, vorrete aggiungere cartelle aggiuntive e risorse aggiuntive.

15.1.1 Gestione di icone e splash screen

Qualsiasi opzione di build si sceglie il package conterrà una cartella "resources" con le icone, gli splash screen e le loading images. Di default queste immagini mostrano il logo di Sencha. I nomi delle immagini di default sono iOS-device oriented. Apple infatti ha una speciale convenzione sui nomi per icone e startup splash screen. Guardate lo screenshot sotto della cartella che contiene le icone di startup. Potete notare che le altezze delle immagini sono pari all'altezza del device, meno 20px che corrispondono all'altezza della status bar. Quindi un iPad che ha una risoluzione 768x1024 le dimensione dello splash screen devono essere 768x1004 in modalità portrat.

Figura 15.1 – Cartella contenente le icone di startup.

Figura 15.2 – I nomi delle Icone.

15.1.2 Aggiungere altre cartelle al pacchetto di build

A volte per la nostra applicazione abbiamo bisogno di creare delle cartelle extra in aggiunta a quelle standard previste dal framework. Nella nostra applicazione abbiamo la cartella lang e data che sono esterne al framework. Sencha Cmd non è ha informazioni su queste cartelle, quindi non la potrà gestire nel processo di build. Un workaround può essere quello di copiare manualmente a valle del processo di build le cartelle mancanti, ma di seguito vediamo come farlo in automatico. Per informare Sencha Cmd dell'esistenza di questa cartella dovremo accodare il path della nostra cartella aggiuntiva alla variabile *app.classpath* presente nel file *./sencha/app/sencha.cfg*

```
app.classpath=${app.dir}/app.js, ${app.dir}/app
, ${app.dir}/lang, ${app.dir}/data
```

Scegliete la strada che preferite in base alle vostre necessità

15.1.3 Aggiungere risorse extra al pacchetto di build

In altre situazioni si potrebbe avere la necessità di aggiungere resources extra al pacchetto e quindi vorremmo informare Sencha Cmd delle loro presenza e del fatto che devono essere incluse. Per raggiungere l'obiettivo si posssono aggiungere le cartelle aggiuntive nell'array resources presente nel file *app.json*. Di default l'array *app.json* contiene i seguenti elementi:

```
/**
 * Extra resources to be copied along when
build
```

```
    */
"resources": [
    "resources/images",
    "resources/icons",
    "resources/startup"
],
```

In questo array dovremo aggiungere le cartelle extra.

15.2 Compilare l'applicazione con Sencha Cmd (la production build)

La **production build** sarà il pacchetto di dimensioni ridotte che copieremo sul web. Per produrre la production build, aprite un terminale dei comandi, entrate nella cartella root dell'applicazione e lanciate il comando:

sencha app build production

Ricordatevi che se non avete configurato il file sencha.cfg per copiare le cartelle data e lang in automatico nella cartella della build, dovrete fare manualmente questa operazione di copia e incolla.

Se il processo di build è andato a buon fine verificate che la vostra applicazione ottimizzata funzioni correttamente richiamandola dal browser:

Figura 15.3 – Applicazione dopo il processo di build.
L'applicazione dovrebbe essere caricata più velocemente rispetto a
prima.

15.3 Sencha Mobile Packager

Usa il file packar.json per impacchettare l'applicazione
Sencha Touch per iOS o Android.

Sencha Mobile Packager usa il file packager.json per impacchettare l'applicazione Sencha Touch per iOS o Android. Il pacchetto potrà poi essere distribuito attraverso **Apple App Store** o **Google Play**. Per arrivare alla costruzione del pacchetto è necessario avere installato sulla macchina di build l'sdk della piattaforma target. Quindi se avete intenzione di creare un pacchetto da distribuire su Google Play dovrete avere installato sulla vostra macchina di sviluppo Android Developer Tools e se invece volete creare un pacchetto da distribuire su Apple App Store sarà necessario avere Xcode per lo sviluppo iOS.

15.4 Compilare l'applicazione per Android usando Apache Cordova

Apache Cordova è la versione open source di Adobe PhoneGap. Attraverso Cordova è possibile creare dei pacchetti nativi da distribuire su Android Marketplace, BlackBerry App World, Windows Phone Store, o Apple App Store. Siccome il processo di build avviene localmente avrete bisogno di installare l'sdk di ciascun ambiente per il quale volete creare l'applicazione, quindi avrete bisogno di XCode (per iOS development), Android Developer Tools (per Android development), BlackBerry 10 SDK (per BlackBerry 10 development), Tizen SDK (per Tizen development), o Windows 8 Pro con Visual Studio (per Windows Phone development). Chiarito questo aspetto vedremo di seguito il processo di build con Cordova nel caso di Android. Negli altri casi è molto simile. Nel paragrafo successivo vedremo come attraverso PhoneGap sarà possibile creare i pacchetti per le differenti piattaforme senza installare niente sulla propria macchina di sviluppo.

15.5 Impostazione dell'ambiente di sviluppo Android-Based

Come ambiente di sviluppo di seguito mi riferirò ad Eclipse, ma se avete Android Studio usate senza problemi Android Studio, i concetti che verranno espressi saranno validi a prescindere dall'ambiente.

Avviare un progetto Eclipse con Cordova su Android

1. Scaricare Apache Cordova da http://cordova.apache.org/ e estraetelo in una cartella, ad esempio C:\sencha-touch-power\software\cordova-2.9.1. Successivamente faremo riferimento a questa cartella attraverso: CORDOVA_HOME.

2. Andate nella cartella CORDOVA_HOME e estrate i seguenti file compressi:

   o **cordova-android**: Questa è la libreria per le applicazioni Android che permette di creare progetti Cordova-based per le piattaforme Android

   o **cordova-cli**: Questo è il tool command-line tool per il build, il deploy, e la gestione delle applicazioni Cordova-based.

   o **cordova-js**: E' un layer JavaScript per i progetti Cordova-based

Creazione di un progetto Android Cordova-based

1. Dal command prompt entrate nella cartella:
   <CORDOVA_HOME>\cordova-android\bin

2. Creiamo il nostro progetto utilizzando il comando:

   create   c:\sencha-touch-power\projects\SenchaCordova com.senchapower.book SenchaCordova

   Dovreste vedere il seguente output del prompt dei comandi:

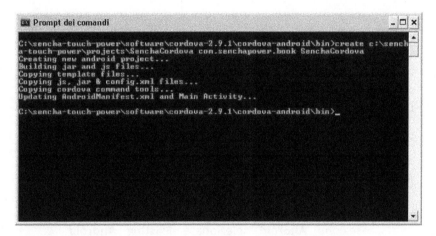

Figura 15.4 – Creazione di un progetto Android Cordova-based.

La sintassi del comando è la seguente:

   create <project folder> <default package> <project name>

3. Verrà creata una cartella *SenchaCordova* all'interno della cartella *projects*

   La cartella contiene il filesystem mostrato nell'immagine di seguito:

Figura 15.5 – File e cartelle del progetto Android
Cordova-based.

Si tratta della classica struttura di cartelle di un progetto Android.

4. Avviate Eclipse usando come workspace la cartella *C:\sencha-touch-power\workspace*

5. Importate il progetto appena creato. Cliccate sul menu **File** e selezionate **Import**. All'interno della sezione **Android** selezionate **Existing Android Code Into Workspace**

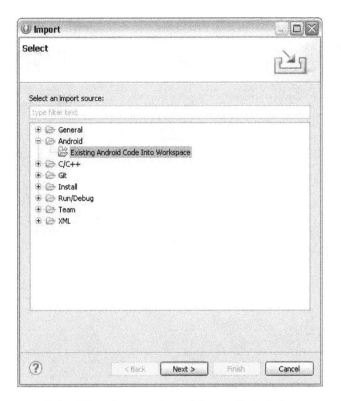

Figura 15.6 – Importazione del progetto in Eclipse.

6. Cliccate sul bottone **Next**; Questo vi porterà nella finestra **Import Projects**. Cliccate sul bottone **Browse...** e cercate nel vostro filesystem il progetto *SenchaCordova* (*C:\sencha-touch-power\projects\SenchaCordova*) creato al passo 2 di questo paragrafo.

Figura 15.7 – Selezionare il progetto da importare in Eclipse.

7. Cliccate su Finish e sarete nella finestra del progetto.

Figura 15.8 – Il progetto è caricato in Eclipse.

NOTA : Se avete degli errori all'interno del file *AndroidManifest.xml* dopo l'importazione del progetto (come nell'immagine sopra), probabilmente questi sono dovuti alla piattaforma impostata all'interno di eclipse.

error: No resource identifier found for attribute 'xlargeScreens' in package 'android'

error: No resource identifier found for attribute 'hardwareAccelerated' in package 'android'

error: No resource identifier found for attribute 'hardwareAccelerated' in package 'android'

error: Error: String types not allowed (at 'configChanges' with value 'orientation|keyboardHidden|keyboard|screenSize|locale').

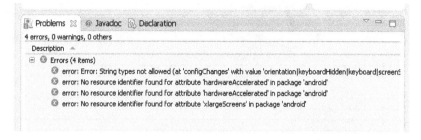

Figura 15.9 – Errori sull'import del progetto.

Per risolvere gli errori sopra: Cliccate con il tasto destro sul nome del progetto SenchaCordova e Selezionate **Properties**

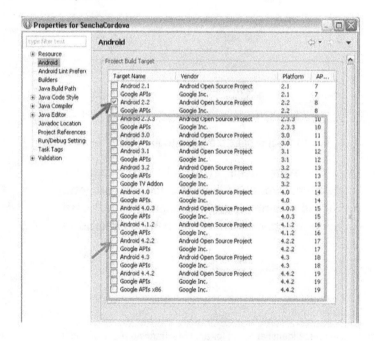

Figura 15.10 – Piattaforme Android.

Il problema è relativo al fatto che per alcune features di Cordova è necessaria un versione dell'SDK di Android superiore alla 8. Quindi selezionate una versione di API successiva e nel file

AndroidManifest.xml modificate la versione del minSdkVersion da 8 a 10.

```
<uses-sdk android:minSdkVersion="10"
   android:targetSdkVersion="19"/>
```

Inoltre come suggerito da Eclipse per eliminare I warning:

- spostate la riga

```
<uses-sdk android:minSdkVersion="10"
android:targetSdkVersion="19"/>
```

prima del tag *application*

- all'interno del tag application inserite:

```
android:allowBackup="true"
```

Questo vi permetterà di eliminare anche il secondo warning:

Should explicitly set android:allowBackup to true or false (it's true by default, and that can have some security implications for the application's data)

8. All'interno del progetto Android il layer Cordova si trova nella cartella asset:

Figura 15.11 – Il layer Cordova nel progetto Android.

9. Verifichiamo che tutto funzioni, facendo il deploy sull'emulatore Android:

   1. Avviate l'emulatore. **Window | Android Virtual Device Manager**.

   2. Selezionate **Android Virtual Device Manager** , se non avete nessun virtual device createne uno cliccando sul tasto **New...** Gli screenshot proposti di seguito si riferiscono ad un dispositivo con le seguenti caratteristiche:

Figura 15.12 – Creazione di un Android Virtual Device.

3. Avviate l'applicazione sul device virtuale. Ritornate sul progetto. Cliccate con il tasto destro sul nome del progetto e selezionate **Run As** e quindi su **Android Application**

Figura 15.13 – Il progetto Android Cordova caricato all'interno dell'emulatore Android.

Se ottenete un risultato come quello rappresentato dall'immagine sopra il primo passo per la costruzione del nostro ambiente di sviluppo android è stato fatto.

15.6 Creazione di un progetto Android/Sencha usando Cordova

Se siete riusciti a completare senza problemi il paragrafo precedente siamo già a buon punto. Riprendete il progetto completato in precedenza, se avete avuto problemi potete usare il progetto che trovate nel codice di esempio.

Obiettivo: Inserire un'applicazione Sencha Touch all'interno di un progetto Android, compilarlo ed eseguirlo su target Android.

1. Il progetto Sencha Touch sarà la nostra applicazione ottenuta dopo la build.

2. Seguite i passi visti nel paragrafo precedente e create un progetto Android basato su Cordova chiamato ATOApp.

   create   c:\sencha-touch-power\projects\ATOApp it.appacademy.atoapp ATOApp

   e importatelo in Eclipse.

3. All'interno della cartella *assets/www* cancellate tutti i file tranne *cordova.js*

4. Copiate il contenuto della cartella di build della'applicazione all'interno della cartella assets/www

5. Nella cartella assets/www, aprite il file index.html e aggingente il riferimento al layer Cordova

```
<!DOCTYPE html>
<html>
<head>
...
    <script type="text/javascript"
src="cordova.js"></script>
</head>
<body>
    <div id="appLoadingIndicator">
        <div></div>
        <div></div>
        <div></div>
    </div>


</body>
</html>
```

6. Salvate il file index.html. All'interno di Eclipse fate un Refresh del progetto. Dovreste trovarvi la seguente struttura di cartelle:

Figura 15.14 - Il progetto Sencha Touch all'interno del progetto.

7. Modifichiamo il valore della variabile loadUrlTimeoutValue per evitare problemi di timeout. All'interno di Eclipse aprite ATOApp.java e impostate la variabile loadUrlTimeoutValue come segue:

```
super.setIntegerProperty("loadUrlTimeoutValu
e", 100000);
```

```
package it.appacademy.atoapp;

import android.os.Bundle;
import org.apache.cordova.*;

public class ATOAPP extends DroidGap
{
    @Override
    public void onCreate(Bundle
savedInstanceState)
    {

super.onCreate(savedInstanceState);
        // Set by <content
src="index.html" /> in config.xml

super.setIntegerProperty("loadUrlTimeoutVa
lue", 100000);

super.loadUrl(Config.getStartUrl());

//super.loadUrl("file:///android_asset/www
/index.html")
    }
}
```

8. Avviate l'applicazione sul device virtuale. Ritornate sul progetto. Cliccate con il tasto destro sul nome del progetto e selezionate **Run As** e quindi su **Android Application**

9. Risultato:

Figura 15.15 – L'applicazione nel device virtuale.

A questo punto siamo in grado di sviluppare, fare il deploy e testare la nostra applicazione Sencha Touch su un Target Android. Nella sezione successiva vedremo come creare tutti i pacchetti utilizzando PhoneGap e senza avere installato nessun sdk.

15.7 Compilare online l'applicazione con Adobe PhoneGap

Adobe PhoneGap è un prodotto commerciale che può essere usato in due modalità. E' possibile fare la build localmente, questo richiede l'installazione degli SDK necessari oppure può essere usato in modalità cloud. Con il secondo approccio non sarà necessario installare nessun SDK localmente.

Per quanto riguarda il primo approccio non cambia molto rispetto a quando visto nella descrizione della build con Cordova. Per questo motivo di seguito mi concentrerò sull'utilizzo di PhoneGap in modalità cloud.

La versione free di PhoneGap permette di generare una sola app privata. Con PhoneGap è possibile creare app native per le seguenti piattaforme: iOS, Android, Windows, BlackBerry, HP, Symbian.

Il primo passo è quello di creare un account: https://build.phonegap.com/people/sign_in

Dopo aver fatto la registrazione vi trovate nella seguente pagina:

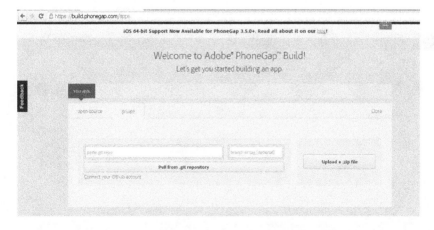

Figura 15.16 – Il progetto Sencha Touch all'interno del progetto Android.

Da questa pagina potete scegliere la modalità che preferite per fare l'upload del progetto. Le opzioni sono due, la prima consiste nell'inserire l'url del repository del progetto su github, la seconda consiste nel fare l'upload del progetto attraverso un file zip.

Scelgo di caricare il progetto nel formato zip. Quindi converto in zip la cartella in produzione del progetto e carica ATOApp.zip.

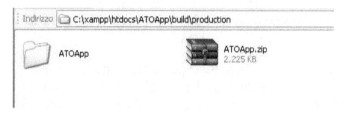

Figura 15.17 – Cartella production.

Una volta che il progetto è stato caricato, date un nome e poi cliccate su "Ready to Build". In pochi minuti avrete tre applicazioni native , una per iOS, una per Android e una per Window 8.

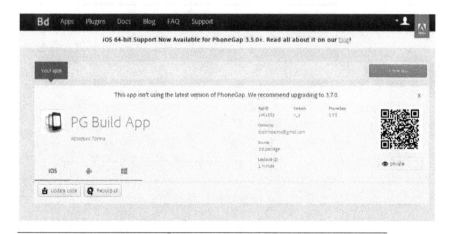

Figura 15.18 – Le applicazioni generate da Phonegap.

Cliccando sulle icone delle piattaforme potrete scaricare l'applicazione pronta da compilata e pronta per gli store. Come potete vedere dall'immagine precedente il processo di build per iOS è terminato con un errore. Il motivo è che bisogna fornire la "signing key" affinchè il processo vada a buon fine. Potete seguire questo tutorial **http://docs.build.phonegap.com/en_US/signing_signing-ios.md.html** passo passo per ottenerla e una volta ottenuta vi basterà ricompilare.

A questo punto avrete la vostra applicazione compilata per iOS, Android e Windows Phone.

15.8 Conclusioni

Potete testare l'applicazione sui dispositivi virtuali installati sulla vostra macchina o installarla direttamente sul vostro smartphone e tablet anche per analizzare se la gestione dei profile che abbiamo fatto funziona come ci aspettiamo. Abbiamo visto le basi di Sencha Touch, il sistema dei layout, gli eventi e le classi. Una volta appresi i concetti necessari ci siamo lanciati nello sviluppo di un app introducendo concetti nuovi che abbiamo messo subito in pratica. Abbiamo visto come interagire con dei servizi remoti, abbiamo usato il protocollo JSONP per scaricare le attrazioni e abbiamo visto un po' di concetti sulle mappe di Google. Come centrare una mappa, e come rappresentare il percorso tra due punti. Poi siamo passati alla realizzazione di un tema personalizzato usando Sass e finalmente abbiamo visto sia la production build sia la native build.

E' arrivato il momento dei saluti. Con le conoscenze acquisite dovreste essere in grado di creare una vostra applicazione basata su Sencha Touch e da qui scegliere di

usarla come web app o creare un app per Android o per iOS .
Spero di rivedervi sugli app store.

Appendice 1: Download del codice sorgente

Per scaricare il codice sorgente degli esempi andate alla seguente pagina:

http://www.appacademy.it/download/creare-web-app-source-code/

Usate il codice sotto riportato:

z4oLznwjYh

Appendice 2:

Contatti

Continua ad imparare nuovi concetti di programmazione su www.appacademy.it

Canali per rimanere in contatto

Se vuoi contattarmi o semplicemente rimanere in contatto puoi usare il canale che preferisci:

linkedin: it.linkedin.com/in/cosimopalma

email: cosimopalma@appacademy.it

facebook: www.facebook.com/appacademy.it/

twitter: https://twitter.com/AppAcademyIT

Buona programmazione !!

Appendice 3: Altri libri per approfondire

Sviluppare Web App con Sencha Touch

La prima parte è molto simile a questo ebook, nella seconda parte vengono sviluppati concetti come

"Mappe e Popup. Impareremo ad usare le mappe di Google nelle applicazioni, ad inserire immagini, messaggi testuali e a gestire popup.

Form Panel. Faremo pratica con i form, che tornano utili quando vogliamo che l'utente inserisca delle informazioni. Vedremo i diversi campi che possiamo utilizzare nel Form, vederemo come inviare il form e come prendere le informazioni presenti nel Form.

Navigazione, Liste e Mappe. Inseriremo due architetture di navigazione delle schermate dell'app e approfondiremo le conoscenze su liste e mappe.

Web App Multilingua. In questo capitolo vedremo come localizzare la nostra applicazione basata su Sencha Touch. Vedremo come localizzare i messaggi specifici del framework e i messaggi della nostra applicazione.

Profili: UX differente in base al dispositivo. L'obiettivo di questo capitolo è quello di realizzare una user experience per tablet da aggiungere a quella già creata, che renderemo disponibile agli smartphone, e di fare in modo che il dispositivo utilizzi la user experience adatta.

Popup e impostazioni. Impareremo a creare dei popup, ad attivarli e ad utilizzarli per dare la possibilità all'utente di modificare le impostazioni della web app."

Potete osservare i video dei risultati che potrete raggiungere capitolo per capitolo direttamente sul sito:
http://www.senchatouchdev.it/

Buon Studio ;)